Peter Kronreif

Der Kirtagspoet

INNSALZ

Peter Kronreif
„Der Kirtagspoet"

Verlag Innsalz, Munderfing 2018
Gesamtherstellung & Druck:
Aumayer Druck + Verlag Ges.m.b.H. & Co KG, Munderfing
Printed in The European Union

Coverfoto: Bruno Tomasi
Foto des Autors: Franz Ristits

ISBN: 978-3-903154-49-0

Dieses Werk einschließlich aller seiner Teile ist urheberrechtlich geschützt. Jede Verwertung außerhalb der engen Grenzen des Urheberrechtsgesetzes ist unzulässig und strafbar.

www.innsalz.eu

Peter Kronreif

Der Kirtagspoet

und andere Erzählungen

INNSALZ

Inhalt

Vorwort des Autors 9

Bahnhofsrestaurants 11

Max Kukolov 19

Karli Sedler 35

Medardus Lüftl 45

Der Klosterschülerfänger 61

Der Teddy-Bertl 71

Sepp 83

A blede G'schicht 93

Rechtsphilosophie in der Peripherie 103

Die Bürde einer alten Schuld 125

Sommertage in Riedersbach 149

Das französiche Lüfterl 159

Aufregende Vielfalt 169

Der Kirtagspoet 181

Der Sohn 225

Eine humane militärische Familientradition 233

Interview mit einem ungewöhnlichen Autor 241

8. Dezember 251

Gendarmenweihnacht 253

Die Indios von Strazula 263

Vorwort

Dieses Buch widme ich meiner Tochter Laura und meinem Enkelkind Anja.
Beide waren stets die Quelle jener Kraft, welche mir die Fertigstellung dieses Werkes erst ermöglichte.

Die Leser finden in diesem Band zwanzig Erzählungen. Manche sind vordergründig realistisch, andere größtenteils fiktiv. Alle wollte ich zu Papier bringen, nachdem ich in den letzten Jahren vermehrt mit der Lupe des kritischen Autors durchs Land gezogen bin.

Meine Geschichten sollen animieren, künftig noch genauer hinter die Kulissen unserer Dörfer und Städte und hinter die Fassaden der darin lebenden Bewohner zu blicken.

Peter Kronreif, Jänner 2018

Bahnhofsrestaurants
Ein Abgesang

Das Gebirgsdörfchen Rußbach, in welchem ich als kleiner Bub in den fünfziger Jahren so lebte, dass mein Grabredner einmal artikulieren wird, „unser Freund hatte wahrlich eine glückliche Kindheit", war meilenweit von jeder Bahnlinie entfernt. Auch eine Modelleisenbahn hatte niemand im Ort; wenn damals das Wort Bahnhof gefallen wäre, hätten ich und meine Freunde tatsächlich nur Bahnhof verstanden.

Als ich einige Jahre später mit den Eltern in der merklich größeren Lammertaler Gemeinde Abtenau sesshaft werden musste, zeigte mir mein Vater eines Tages bei einer kleinen Wanderung zum ebenfalls an keiner Bahnlinie liegenden Weiler Voglau ein altes, immer noch relativ nobel wirkendes gelbes Wirtshaus, das sich bezüglich seines Baustils sehr von den umliegenden Häusern unterschied. „Das ist eigentlich ein Bahnhofsrestaurant", sagte der Vater zu mir, als ich staunend vor diesem merkwürdig fremdartigen Gebäude stand.
Vorerst ließ er mich einen Moment lang im Unklaren, dann ergriff er wieder das Wort und brachte mit folgenden Sätzen Licht ins Dunkel meiner Überlegungen: „Der damalige Bauherr hatte dieses Gebäude so planen und bauen lassen weil er überzeugt gewesen war, dass die Züge, welche in den Süden oder in den Westen unserer Alpenrepublik fahren, ab Golling eine Stunde lang durchs Lammertal tuckern würden. Da die Eisenbahningenieure letztlich eine andere Streckenführung bevorzugten,

kannst du nun wenigstens deine erste Bahnhofsrestauration bewundern, auch wenn es wahrscheinlich noch einige Jahre dauern wird, bis du die ersten Eisenbahnschienen sehen wirst."

So lange dauerte es zu meinem Glück doch nicht, bis ich erstmals ein Bahnhofswirtshaus sah, das nicht seiner ursprünglichen Funktion beraubt worden war, den Reisenden die Wartezeit zu versüßen.
Es handelte sich hierbei um die Bahnhofsresti in Golling. Sie war kaum dreißig Quadratmeter groß, wurde von September bis weit in den April hinein mit einem alten Kohleöfchen beheizt und konnte in den Sommermonaten den Gästen sogar einen kleinen Schanigarten bieten.
Meistens musste die Wirtin zwei eigentlich recht gegensätzliche Gästefraktionen bedienen. Einerseits die Eisenbahner, die sich von ihrem Dienst erholten, und die einfachen Leute, die von ihrer Arbeit kamen oder gar keine Arbeit hatten. Andererseits etliche Reisende, die es nicht besonders eilig hatten und außerdem gut zuhören und noch besser erzählen konnten.
Nie hatte ich einen ernsthaften Streit zwischen diesen beiden Gruppen erlebt, da sie sich, genau betrachtet, eigentlich sehr gut ergänzten. Die Reisenden entfachten mit ihren Erzählungen bei den vorwiegend melancholisch gestimmten Einheimischen das Fernweh, während diese die Neugier der Reisenden auf die Skurrilitäten des Provinziellen befriedigen konnten.

Im ganzen Land waren diese kleinen Bahnhofsstüberl ausgesprochen warmherzige Orte. Dazu trug auch die Beschaffenheit der Räume einiges bei. Heimisches Holz war das prägende

Element; es fand sich am Fußboden ebenso wie in der Wandvertäfelung, manchmal auch am Plafond. So konnten diese Restis ihre Gäste mit einer heimeligen Wohnstubenatmosphäre verwöhnen. Vor allem an den Heiligen Abenden fand dort mancher, der heimat- und obdachlos war, Heimat und Obdach.

Nicht nur die Warmherzigkeit der meisten Gaststättenbesucher faszinierte mich, auch die dort anzutreffenden und oft unvermutet und spontan agierenden Laienkomiker begeisterten mich immer wieder.
Diesbezüglich möchte ich erwähnen, dass mir eine zufällig entstandene skurrile Situation immer schon lieber gewesen war als die gekünstelte Heiterkeit der sogenannten Humoristen. Bis heute sind mir die ungewollten Komiker weitaus sympathischer als die penetranten Witzeerzähler.
Einer dieser widerlichen Witzekönige verirrte sich einmal an einem kühlen Oktobernachmittag in die grandiose Halleiner Resti, als ich mir dort gerade ein köstliches Bier genehmigte. Natürlich war auch dieser – ebenso wie die meisten seiner Konsorten – davon überzeugt, dass er mit seinen vorwiegend sexistischen Witzen auch bei den weiblichen Gästen punkten könne.
Nachdem er bereits mit mehreren derartigen Zoten aufgetrumpft hatte, klinkte sich – um den Redefluss dieses Idioten endlich zu stoppen – eine ärmlich gekleidete ältere Frau in das Gespräch ein. Sie erzählte, dass sie kürzlich bei der Zugfahrt von Wien nach Salzburg mit einem seriös wirkenden Herrn ins Gespräch gekommen war, der beiläufig erwähnt hatte, dass er ein Sexualwissenschafter sei. Schließlich berichtete sie noch voller Hochachtung, dass sie dem Kofferschild entnehmen konnte, dass der besagte Herr sogar ein doppelter Doktor wäre.

„Das verstehe ich jetzt aber nicht", sagte nach einigen Sekunden ernsthaften Nachdenkens ein älterer Stammgast allen Ernstes: „Was hat es denn für einen Sinn den Sex zweimal zu studieren – wer ihn einmal studiert hat, müsste ihn doch gut genug können, oder?"

Im neuen Jahrtausend hat sich die österreichische Eisenbahndirektion leider entschlossen, die kleinen Bahnhofsgaststätten auf den Müllhaufen der Geschichte zu werfen. Eine nach der anderen musste bereits für immer ihre Pforten schließen, anscheinend entsprechen sie nicht mehr unserem Zeitgeist, den für mich unheimlichsten aller Geister.

Diesem Zeitgeist gefallen auch die großen, bereits in der Monarchie errichteten Bahnhöfe nicht, obwohl diese eine bedeutende Rolle spielen in der Geschichte der österreichischen Architektur. Unser aktueller Zeitgeist bevorzugt neuerdings Metall, Glas und Sichtbeton; der neu gebaute Linzer Bahnhof ähnelt deshalb eher einem modernen Einkaufszentrum und der ebenfalls neue Bischofshofener Bahnhof ist schlicht und einfach furchtbar.
Das ursprüngliche Linzer Bahnhofsgebäude war übrigens eines der ersten, in welchem die Abrissmonster einem großen gründerzeitlichen Bahnhofsrestaurant an die Gurgel gingen. Als Ersatz für diese alte stilvolle Gaststätte bietet man heutzutage den Reisenden eine konzeptarme Halle, in der allerlei Spezialitäten vom Leberkäs-Pepi, vom Pizza-Toni, vom Golatschn-Günther und vom Wok-Liang angeboten werden.

Der vorerst letzte bedeutende Restisaal, dessen Pforte geschlossen wurde, ist der Marmorsaal des Salzburger Hauptbahnhofs.

Ich betrat diesen Raum erstmals als fünfzehnjähriger Schulbub an einem verregneten Frühlingstag des Jahres 1964. Mein Vater hatte mich – weil es meine erste Fahrt in die Landeshauptstadt und somit auch meine erste Bahnreise war – zur Aufnahmeprüfung in die städtische Handelsakademie begleitet. Nachdem ich diese mehrstündige Quälerei erfolgreich beendet hatte, lud er mich vor unserer Rückreise zu Würstelspeis und Kracherltrank in den Bahnhofsprunksaal ein. Mein Vater aß nichts, das wenige Geld, das er für sich selbst zur Verfügung hatte, investierte er lieber in Bier.
Während ich meine Frankfurter Würstel aß, erklärte er mir geduldig wie das Zugfahren geht, da ich es in einigen Monaten ja allein können sollte.

Nachdem ich schließlich nach den Sommerferien in einem Schülerheim in Salzburg einquartiert, besser gesagt inhaftiert worden war, spazierte ich bis in den Dezember hinein fast täglich zum Salzburger Bahnhof um mein Heimweh auf die folgende, merkwürdige Art zu bewältigen: ich setzte mich in einen Zug, der laut Beschilderung meinen Heimatbahnhof Golling-Abtenau ansteuerte – und stieg schleunigst wieder aus, wenn mittels Lautsprecherdurchsage die Abfahrt dieses Zuges angekündigt wurde.
In den Marmorsaal ging ich an diesen Heimwehstilltagen nie. Erstens hatte ich das notwendige Geld nicht, zweitens hatte ich den Eindruck, dass ein vom dörflichen Leben geprägter Knabe nicht würdig genug wäre für das vornehme Ambiente dieses Raumes, in welchem die Gäste von perfekt aufgemascherlten Kellnern äußerst aufmerksam bedient wurden.

Beinahe zehn Jahre später hatte ich eine Lehrerstelle im Pinzgau ergattert. Nun fühlte ich mich, als ich eines Tages aufgrund der Vorladung eines strengen Schulinspektors in Salzburg weilte, endlich reif genug für den ersten, mit eigenem Geld finanzierten Besuch des Marmorsaals.
Danach entwickelte sich eine aufrichtige Liebe zu diesem Lokal; manchmal dachte ich damals, dass ich mich in ein Lokal intensiver verlieben könnte als in eine Frau. So wunderte es mich Jahre später eigentlich nicht, dass meine Frau ständig auf meine Lieblingslokale eifersüchtig war.
Stets beeindruckte mich am Marmorsaal das Großbürgerliche. Obwohl ich in bescheidenen Verhältnissen aufgewachsen bin und mein politisches Herz heute noch links schlägt, entwickelte sich bereits im frühen Erwachsenenalter eine eigenartige Begeisterung für das gebildete, weltoffene Großbürgertum; unter anderem deshalb, weil dieses über viele Kleinigkeiten, die mir persönlich unwichtig, aber meinen Eltern und Verwandten sehr wichtig waren, gelassen hinwegsehen konnte.
Großbürgerlich fühlte sich auch der von Adneter Marmor geprägte Saal an – vor allem auf Grund seiner enormen Raumhöhe und seines pompösen Kristalllusters.

Natürlich zog diese außergewöhnliche architektonische Gestaltung die feinen Leute an. Trotzdem waren auch die weniger betuchten Menschen jederzeit gern gesehene Gäste. Viele Arbeiter und Arbeiterinnen genehmigten sich in diesem Restaurant ein paar Bierchen vor der Heimfahrt in die Dörfer und Städte, etliche frühreife Lehrlinge und Gymnasiasten schworen in diesem traditionsreichen Saal der jeweiligen Geliebten ewige Treue.

Ehen wurden angebahnt, Bälle veranstaltet, Feste gefeiert, Scheidungen vereinbart und Abschiede beweint.
Heute ist diese traditionsreiche Gaststätte bereits Geschichte. Die Vernichter der Schönheit haben wieder einmal die Ästheten besiegt.

Bahnhofsrestaurants, die sowohl fürs gepflegte Speisen, fürs beschwingte Tanzen, fürs gesellige Musizieren oder fürs angeregte Diskutieren taugen, werden bald eine Rarität sein.
Das gefällt dem umtriebigen Zeitgeist, diesem verfluchten Sauhund, welcher derzeit nicht nur in den Eisenbahndirektionen sein Unwesen treibt. Was dem Feinsinnigen gefällt, ist ihm egal. Er weiß ja, dass die Medienhähne vorwiegend in seinem Sinn krähen.

Max Kukolov

Mein guter Freund, der Metzgergeselle Max Kukolov, erblickte nicht in meinem Geburtsstädtchen Hallein das Kreißsaallicht der Krankenhauswelt, sondern in Graz. Dort hatte er auch den Metzgerberuf erlernt und als Geselle gearbeitet, bis er sich vor zirka fünfundzwanzig Jahren für einen Arbeitsplatz in einer großen Innsbrucker Fleischfabrik entschied.

Ehe er in seiner ersten Nacht in der Tiroler Landeshauptstadt endlich ins Bett fiel und einschlafen konnte, hatte er den vom neuen Arbeitgeber erhaltenen Gehaltsvorschuss, mit dem er die erste Monatsmiete in seinem vorläufigen Quartier begleichen wollte, bereits versoffen und verhurt.

Erst um acht Uhr in der Früh, als ein in dieser Gegend häufig wütender Föhnsturm schon kräftig in die Stadt hinein blies, wurde er wieder munter, obwohl er bereits seit sechs Uhr arbeiten sollte.

Da dies dem ansonst sehr verlässlichen Kerl besonders peinlich war, entschied er sich nach einem späten Frühstück nicht mehr für den Weg zu seinem neuen Arbeitsplatz, sondern für jenen zum Schnellzug nach Salzburg, um von dort einen Zug nach Graz zu nehmen.

Lange wollte er sich in der noblen Festspielstadt nicht aufhalten; er kannte dort keinen Menschen, außerdem hatte er das Gefühl, dass ihn dort auch niemand kennen lernen wollte.

Trotzdem saß er am frühen Abend dieses Tages, an dem schon am frühen Nachmittag einige heftige Gewitter die heiße Luft kräftig abgekühlt hatten, noch an einem Tisch im Salzburger Bahnhofs-

restaurant. Wahrscheinlich dachte er seit Stunden über die unvermeidliche, einer peinlichen Niederlage gleichkommende Rückkehr nach Graz nach, als ich an seinem Tisch, an dem er ganz alleine saß und irgendwie verloren wirkte, Platz nahm. Nachdem er mir trotz seiner anfänglichen Schüchternheit schließlich doch noch halbwegs redselig seine gegenwärtige beschissene Situation erklärt hatte, lotste ich ihn mit dem letzten Abendzug in mein Geburtsstädtchen Hallein, in das ich einige Jahre zuvor nach langjähriger Abwesenheit abermals zurückgekehrt war. Ich wusste nämlich, dass ein mit mir befreundeter Besitzer eines großen Metzgereibetriebes schon seit einigen Wochen auf der Suche nach einem guten Gesellen war. Ausgesprochen schlecht konnte meine Empfehlung nicht gewesen sein, immerhin war sie der Auftakt zu einem mehr als zwanzigjährigen Arbeitsverhältnis. Dieses würde wahrscheinlich heute noch aufrecht sein, wenn der angesprochene Metzgereibetrieb, der vor allem für seine Salamiwürste gelobt worden war, nicht vor einigen Jahren die Produktion eingestellt hätte.
„Ich vermute ja", erklärte mir der gebürtige Grazer an jenem Tag, an welchem er damals als einer der letzten Gesellen seinen Halleiner Arbeitsplatz räumen musste, „dass diese Betriebsschließung nicht wir Metzgerburschen verursacht haben, sondern ausschließlich der Chef, weil sich dieser meistens mehr um seinen Nebenberuf als Sänger am Salzburger Landestheater als um seine Fleischerei gekümmert hatte."

Im Großen und Ganzen gefiel dem in Hallein schnell heimisch gewordenen Max sein alltägliches Leben in diesem Städtchen. Trotzdem sah er sich, selbst als er schon beinahe zwei Jahrzehnte

hier zu Hause war, immer noch ausschließlich als Grazer.
Als ich ihm gegenüber, nach einer eingehenden Betrachtung seiner verwegenen osteuropäischen Gesichtszüge und ein paar Gedanken über seinen fremdartigen Familiennamen, einmal äußerte, dass seine Vorfahren wahrscheinlich Russen oder Bulgaren wären, erklärte er mir sehr energisch: „Meine Großeltern waren beide Weststeirer und meine Eltern Grazer."
Als ich daraufhin altklug anmerkte, dass er demnach ein echter Steirer sei, antwortete er entrüstetet: „ Ich bin ein Grazer! Auch meine Tochter, die hier in Hallein geboren wurde und sich in dieser Kleinstadt auch recht wohl fühlt, ist eigentlich auch eine Grazerin", ergänzte er dann noch.

Als Flachländer verblüffte der fesche, großgewachsene und anfänglich sehr sportliche Kerl die Gebirgler unter seinen neuen Arbeitskollegen in der Salzstadt gleich einmal mit hervorragenden Ergebnissen bei diversen Schirennen. Dass er seinen nunmehrigen Mitbürgern auch in der Kunst des Fußballspiels haushoch überlegen war wunderte niemand, es hatte sich ja bald herumgesprochen, dass er in der legendären Gruam, also beim bekannten Grazer Fußballverein SK Sturm, groß geworden war.
„Der SK Sturm war politisch immer rot, der Konkurrenzverein GAK war schwarz. Aber bei den Vereinsdressen war es genau umgekehrt", erklärte er mir einige Wochen später, als er in einem schattigen Gastgarten einmal auf seine Fußballerkarriere zu sprechen kam. Im Lauf der Jahre erzählte er diese Farbengeschichte noch vielen Gesprächspartnern, obwohl inzwischen die meisten Fußballvereine längst nicht mehr politischen Parteien, sondern großen Firmen zugeordnet werden können.

Seine herausragenden Leistungen als Stürmer unseres Fußballklubs und sein ihm offensichtlich angeborener Charme machten den Max schnell zum Liebling der hiesigen Frauenwelt. Ob der großen Auswahl konnte er sich nie endgültig für eine bestimmte Dame entscheiden. Es ist ja eine alte Weisheit, dass diejenigen, die nicht so sehr begehrt werden, eher in den Stand der Ehe drängen als die Umschwärmten.
Man kann rückwirkend betrachtet durchaus annehmen, dass die vielen Jahre in unserer Stadt bis zur Schließung seines Betriebes, zu den glücklichsten im bisherigen Leben meines Freundes Max Kukolov gehörten.

Die nicht unerheblichen Probleme in jener Großmetzgerei, in welcher er so lange beschäftigt gewesen war, begannen bald nach seinem fünfzigsten Geburtstag. Damals stellte der Eigentümer, dem sogar eine deutsche Tageszeitung einmal einen Bericht unter dem Titel Der singende Schlachter gewidmet hatte, einen promovierten westfälischen Lebensmittelchemiker ein. Außerdem beförderte er einen Kärntner Sunnyboy, der als Vertreter durchaus erfolgreich gewesen war, zum Leiter der Verkaufsabteilung, obwohl es eigentlich vorhersehbar war, dass eine derartige Position für diesen Mann eine Nummer zu groß sein würde. Schließlich wurde die Qualität mehrerer Wurstsorten ebenso wie jene der weithin berühmten Salami von Monat zu Monat schlechter und der Werbeetat immer höher. Manche Metzgerburschen dieses Betriebes mieden nun sogar ihre bisherigen Stammbeisl. Wahrscheinlich aus Angst, dass sie dort immer wieder auf die nunmehr schlechtere Qualität ihrer Produkte angesprochen werden könnten.

Kurz vor Max Kukolovs vierundfünfzigstem Geburtstag kam schließlich das endgültige Aus für den Betrieb.

Der erste Tag der Arbeitslosigkeit war der Start zu einem stetigen Abstieg, der mit jeder Psychologen- und Psychiaterfalle, in welche ihn verschiedene staatliche und halbstaatliche Behörden vorerst hineinschupsten, unerträglicher wurde. Zu den akademischen Seelenexperten, die sich teilweise mehr für sein Geldbörsl als für seine Psyche interessierten, gesellten sich, als es ihm schon ziemlich dreckig ging, noch etliche von ihren Männern geschiedene Esoterikdamen dazu.

Den ersten Kontakt mit einem Psychologen hatte er bereits nach wenigen Wochen Arbeitslosigkeit, als er – wegen der schlechten Chancen auf einen Job in seinem erlernten Handwerk – vom Arbeitsamt zu einem Berufseignungstest verdonnert wurde.
Nach der Auswertung dieses Tests wurde ihm empfohlen, dass er sich entweder zum Melker oder zum Hotelrezeptionisten umschulen lassen sollte. Diese Empfehlung irritierte den Max derart, dass er bezüglich der Aussagekraft diverser psychologischer Tests das erste Mal heftig ins Grübeln kam.
Weil man ihn einige Monate später in einem Arbeitsamtbüro tatsächlich aufforderte, eine Melkerstelle auf einer Alm im weit entfernten Großen Walsertal anzunehmen, wurde er nach einem heftigen Wortwechsel derart wütend, dass er ein SPÖ-Wahlwerbefeuerzeug ins schön gerahmte Familienfoto der Beraterin warf. Als er nach einem anschließenden kontroversen Disput mit dem Leiter des Arbeitsamtes das Gebäude laut fluchend verlassen wollte, warteten vor dem Hauptportal bereits drei Polizisten auf

ihn. Nachdem er diesen wutentbrannt angedroht hatte, dass er sie bei der nächsten sich bietenden Gelegenheit einzeln in die Salzach schmeißen werde, wurden ihm sofort Handschellen angelegt. Der Amtsärztin, welcher er nun zwecks Begutachtung seines psychischen Zustandes vorgeführt wurde, sagte er, dass er niemals einen Polzisten in diesen Fluss schmeißen würde, weil er ein spezieller Freund der Fische und generell ein gutmütiger Kerl sei, dem es an manchen Tagen sogar schwer gefallen war einen treuherzig dreinschauenden Ochsen zu schlachten.
Diese glaubwürdige menschliche Regung und die blasser werdende Zornesröte in seinem Gesicht retteten ihn vorerst vor der sofortigen Einweisung in die Nervenklinik. Allerdings empfahl die Amtsärztin, dass er kein Fahrzeug mehr lenken sollte, bevor sein Aggressionspotential von einem gerichtlich beeideten psychiatrischen Gutachter beurteilt worden ist. Diese Empfehlung hatte zur Folge, dass ihm vorerst von der Bezirkshauptmannschaft der Führerschein entzogen wurde. Zudem wurde er, nachdem das Geschehen vor dem Arbeitsamt im Polizeibericht teilweise falsch dargestellt worden war, ein halbes Jahr später beim Salzburger Landesgericht zu einer bedingten Arreststrafe wegen gefährlicher Drohung und Widerstand gegen die Staatsgewalt verurteilt.

An einem frühen Septembertag mit spätem, saukaltem Oktoberwetter, fand sich der Max schließlich zu dieser psychiatrischen Begutachtung in einer noblen Privatpraxis am Rande der Landeshauptstadt ein.
Am Vorabend hatte er im Halleiner Bräustüberl noch ordentlich gebechert. Er war wohl der Meinung, dass er die bevorstehende Prozedur ohne die beruhigende Wirkung einer angemessenen Dosis Restalkohol nicht verkraften würde.

Der psychiatrische Gutachter, dem er zum vorgeschriebenen Termin nun gegenübersaß, war ein etwa vierzigjähriger kleiner Mann mit Brille und einem tiefen Schmiss auf der Wange. Nachdem er die wesentlichen Personalien des Patienten in seinen Computer getippt hatte stellte er folgende Fragen:
1. Wie groß ist die Entfernung zwischen Hamburg und New York?
2. Wer hat den Suez-Kanal geplant?
3. Was fällt Ihnen zum Begriff Gurkenschäler ein?
4. Woran denken Sie, wenn Sie ein beflecktes blaues Leintuch sehen?

Die ersten drei Fragen ignorierte er völlig, da sie ihm zu schwer oder zu blöd waren. Die vierte Frage beantwortete er überraschenderweise mit dem Satz „wenn die Flecken braun sind denke ich an eine Parteifahne der FPÖ." Diese Antwort war offensichtlich überhaupt nicht nach dem Geschmack des Gutachters. Dieser schmiss den Max danach nämlich sofort hinaus mit dem gebrüllten Satz: „Verschwinden Sie sofort; das angeforderte Gutachten wird den zuständigen Behörden rechtzeitig übermittelt werden!"
Sie können sich vorstellen, dass dieses einige Wochen später an die Amtsärztin gesandte Schriftstück nicht dazu führte, dass meinem Freund der einbehaltene Führerschein gleich wieder ausgehändigt wurde. Natürlich entschied die Bezirkshauptmannschaft, dass der Max frühestens nach sechs Monaten seine Lenkerberechtigung wieder bekommen könne, sofern weitere Gutachten doch noch eine positive Beurteilung des Persönlichkeitsbildes erlauben würden.

Einige Tage nach dem Bescheid der Bezirkshauptmannschaft erhielt er die Rechnung des Psychiaters zugestellt. Achthundertzwanzig Euro war seiner Meinung nach ein allzu hoher Betrag für den Kurzauftritt in der vornehmen Stadtrandordination. Ich weiß noch, dass er damals in unserem Stammlokal entrüstet sagte: „Jetzt wird's immer lustiger, so ein Seelendoktor ist ja zehn Mal teurer als eine Nobelhur."

Nach dieser Bemerkung bildete sich schön langsam ein immer größer werdender Chor von Gästen, welche von der Obrigkeit ebenfalls schon gepiesackt worden waren.

Als diese Suderei einem türkischstämmigen Stammgast zu viel wurde, sagte dieser: „In Österreich und auch andere Länder nicht alle von denen da oben sind schlechtes Menschen, verstehst du. Gibt auch gute Politiker, Richter, Professoren und Hofräte. Vielleicht nicht so viele, aber einige schon. Zu Psychiater ich möchte noch sagen, dass diese mit Tabletten schon können oft helfen ein bisschen, wenn eine Mensch immer traurig oder sein Hirn so kaputt, dass immer Gespenster sehen. Aber sicher, Gutachten schon oft dumm, weil Max laut Gutachten ein bisschen verrückt, aber bei Wiener Baumeister, ich glaube heißen Lugner, der immer in Fernsehen großen Unsinn redet, keine Gutachter sagen, dass diese Mann narrisch."

Der Kukolov Max versuchte während der nächsten Wochen, seine Wut, die auch dieser verständnisvolle Türke nicht wirklich verringern konnte, mit vermehrtem Alkoholkonsum einerseits und langen Spaziergängen andererseits doch noch auf ein erträgliches Maß zu reduzieren. Dieses Vorhaben scheiterte kläglich, seine Wut wurde nämlich statt kleiner beinahe täglich größer.

Weil seine Räusche immer pompöser wurden, fragte ihn eines Abends seine Nachbarin, eine geschiedene Hauptschullehrerin, ob ihn in letzter Zeit vermehrt bestimmte Sorgen geplagt hätten. Mit einer Offenherzigkeit, die er sich in nüchternem Zustand niemals erlaubt hätte, erzählte er ihr nun die ganze Geschichte vom Eklat im Arbeitsamt bis zu jenem beim Psychiater. Die gerichtliche Verurteilung verschwieg er ungewollt. Er hatte sie wahrscheinlich schon längst in den unbewussten Teil seines Gehirns abgeschoben.

„Eines fällt mir schon auf", sagte die Lehrerin, nachdem sie ziemlich lange geduldig zugehört hatte: „Ihr Aggressionspotential ist sicher ein Problem, das behandelt gehört. Deshalb schlage ich Ihnen vor, dass Sie in vierzehn Tagen mit mir in die Toskana fahren und dort den Wochenendkurs Energiearbeit mit afrikanischen Trommelrhythmen belegen."

„Unterrichtet da ein Neger?", fragte der Max, der ja in esoterischen Dingen ein absoluter Laie war, spontan. Diese Frage beantwortete seine Gesprächspartnerin mit einem klaren Nein, allerdings schwächte sie dieses gleich wieder ab mit dem bemerkenswerten Satz: „Aber der Großvater jenes Schwarzen, der den Kursleiter ausgebildet hat, wurde noch in Westafrika geboren."

„Und was kostet die Gaudi?", erkundigte sich der Max dann noch, obwohl ihm die ganze Sache nicht geheuer war.

„Der zweitägige Kurs vierhundertneunzig Euro, die Unterkunft samt Verpflegung nur zweihundertsechzig Euro; dazu kommen halt noch die Fahrtkosten", antwortete die Lehrerin.

„Dann ist die Sache für mich eigentlich schon gestorben", sagte der Max nachdem er alle Posten zusammengezählt hatte.

„Wenn Sie glauben, dass Sie mit der europäischen Medizin wieder ins Lot kommen können, dann bleiben Sie eben zu Hause", fauchte ihn die Nachbarin zu guter Letzt noch an, bevor sie sich wieder in ihre Wohnung verzog.

„Mit der europäischen Medizin nicht, aber mit dem europäischen Bier schon!", schrie er ihr schnell nach, obwohl ihm im Grund genommen schon klar war, dass seine Probleme letztlich nicht durchs Saufen bewältigt werden können.

Immer wieder meldete er sich während der nächsten Monate beim Arbeitsamt. Eine für ihn passende Stelle konnte ihm nie angeboten werden. Die ihm einst nahegelegte Melkerstelle im Großen Walsertal war gottseidank nicht mehr am Markt; es wäre außerdem ja überhaupt nicht sicher gewesen ob ein Metzger, der Kühe schlachten konnte auch geeignet gewesen wäre, Kühe zu melken.

Für viele andere freie Arbeitsstellen kam der nun schon vierundfünfzigjährige Mann ebenfalls nicht in Frage. Für eine Büroarbeit war er überhaupt nicht zu gebrauchen, schwere körperliche Arbeiten waren wegen seiner schon relativ arg beschädigten Wirbelsäule sehr problematisch. Außerdem plagte ihn – wie fast jeden älteren Metzger – ein äußerst lästiges rheumatisches Leiden. Schließlich war noch zu bedenken, dass ihm der Führerschein abgenommen worden war.

„Sie sind wahrlich ein schwieriger Fall", sagte ihm deshalb eines Tages jene ihn seit kurzem betreuende, auf Problemfälle spezialisierte Bedienstete. „Am besten wäre es, wenn Sie versuchen würden eine Frühpension zu bekommen", ergänzte sie dann noch, bevor sie ihren Klienten wieder nach Hause schickte.

Diesen Vorschlag fand der Max sehr vernünftig; nun schöpfte er wieder Hoffnung, dass sein Leben doch noch in geordnete Bahnen gelenkt werden könnte. Schon am nächsten Tag informierte er sich bei der Arbeiterkammer über die diversen Aktivitäten, die notwendig wären, um aus gesundheitlichen Gründen vorzeitig in Rente gehen zu können. Der Berater, zu dem er verwiesen worden war, beriet ihn wirklich gewissenhaft.

„Wenn Sie die verlangten Unterlagen abgegeben haben, werden Sie wahrscheinlich noch von zwei oder drei Ärzten begutachtet und dann sind Sie endgültig Pensionist", erklärte er abschließend noch, bevor er den alten Metzgerburschen höflich aufgefordert hatte, den Raum nun wieder zu verlassen, da die vorgesehene Beratungszeit schon abgelaufen sei.

„Hoffentlich muss ich nicht noch einmal zu einem Psychiater", dachte er sich unter anderem, als ihm gleich danach auf dem kurzen Weg in sein Stammlokal allerhand Gedanken durch den Kopf schossen.

Leider wurde diese Befürchtung sehr bald zur traurigen Gewissheit.

„Zwecks Erstellung eines psychiatrischen Gutachtens im Zuge Ihres Ansuchens um Invaliditätspension haben Sie sich am 22. Dezember dieses Jahres um 9 Uhr in der Ordination von Dr. med. Udo Maria Lohnsburg in Salzburg, Imbergstraße 14, einzufinden", stand in jenem Schreiben, das ihm der Briefträger am ersten Dezembermontag in die Hand drückte.

Die nach dem Erhalt dieser Nachricht sich tagsüber kontinuierlich steigernde Unruhe ebbte in den Abendstunden endlich langsam wieder ab. „Jetzt hab ich in letzter Zeit schon so viel Wahnsinn erlebt, da werde ich das auch noch verkraften", dachte sich der Max Kukolov am nächsten Tag während einer anstrengenden und zugleich beglückenden Wanderung. Dass es schlimmer kommen würde als befürchtet, wusste er zu diesem Zeitpunkt gottseidank noch nicht.

Bereits zwanzig Minuten vor neun Uhr erschien er am zweiundzwanzigsten Dezember in der erwähnten Ordination; offenbar dachte er, dass er mit dieser ausgeprägten Pünktlichkeit einen guten Eindruck erwecken würde. Etwa vierzig Minuten nach dem vorgesehenen Zeitpunkt wurde er endlich ins Arztzimmer gerufen. Mit den Worten „Sie sind schon der dritte Arbeitsscheue, der mir in dieser Woche meine Zeit stiehlt", wurde er begrüßt.
Vorerst notierte sich der Doktor einige Patientendaten wie Alter, Gewicht und Familienstand. Dann schickte er den zu Begutachtenden wieder vor die Tür, um ihn drei Minuten später abermals hereinzubitten. Als dieser wieder zurückgekommen war hatte der Psychiater bereits einen Krämerladen aus einem Spielzeuggeschäft aufgebaut.
„Was wollen Sie kaufen?", lautete die erste Frage des Gutachters.
„Ich brauche nichts", antwortete der Max.
„Kaufen Sie Brombeeren", forderte ihn Dr. Lohnsburg auf, obwohl nirgends Brombeeren oder Abbildungen von Brombeeren zu sehen waren.
„Ich mag keine Brombeeren", sagte mein bedauernswerter Freund.
„Weshalb mögen Sie keine Brombeeren", wurde er anschließend gefragt.
„Das weiß ich nicht", lautete seine Antwort.
Nachdem sich der Gutachter erneut einige Notizen gemacht hatte, kam es noch zu folgendem Dialog:

Dr. Lohnsburg: „Wie viel kostet ein Kilogramm Schwarzbrot?"
Max: „Das weiß ich nicht, ich kauf immer nur ein halbes Kilo."
Dr. Lohnsburg: „Dann werden Sie sich ja ausrechnen können wie viel ein ganzes Kilo kostet."
Max: „Das kann ich nicht. Wenn ein Achterl Wein zwei Euro kostet ist es auch nicht sicher, dass ein Viertel desselben Weines vier Euro kostet."
Dr. Lohnsburg: „Wollen Sie mich verarschen?"

Danach musste sich der Max ausziehen bis auf die Unterhose, anschließend wurde ihm in einem ausgesprochen militärischen Ton befohlen, wie ein Halbaffe auf einer Stehleiter herumzuturnen. Anschließend musste er sich auf die Ordinationsliege setzen, weil der Arzt mit einem Hämmerchen einige Reflexe des Patienten testen wollte. Nach diesem Teil der Untersuchung nahm der Mediziner ein Gerät aus dem Kasten, das einer Flex nicht unähnlich war.

„Das war mir dann aber nicht mehr egal", erzählte mir der normalerweise nicht unbedingt ängstliche ehemalige Metzgerbursch, als er mich am Abend dieses späten Dezembertages in meiner Wohnung besucht hatte und noch immer ganz verunsichert war. Offensichtlich war nämlich der Arzt mit diesem eigenartigen Gerät dem rechten Kniegelenk derart nahe gekommen, dass der Max schon befürchtete, er werde es ihm flugs durchtrennen. Als er deshalb den Fuß schnell zurückzog sagte Dr. Lohnsburg, bevor er ihn wieder hinausschickte, etwas spöttisch zu ihm: „Ich sehe schon, sie werden leicht nervös. Aber auch leicht nervöse Menschen können durchaus arbeiten, mein lieber Herr Tachinierer."

Da mein Freund auch von einem anderen Arzt, einem Orthopäden, der ihn etwa vier Wochen später zu untersuchen hatte, kaum weniger abfällig behandelt worden war, befürchtete er zurecht, dass es mit seiner Frühpension, die amtsdeutsch wohl Invaliditätspension heißt, nichts werden würde. Tatsächlich wurde sein diesbezüglicher Antrag bereits am 26. März, nach einer abschließenden, eigentlich sehr korrekt durchgeführten internistischen Untersuchung, vom zuständigen Sozialgericht abgelehnt.

Bald danach erhielt dieser eigentlich schon genug gepeinigte Mann auch noch einen Brief von der Bezirkshauptmannschaft. In diesem musste er lesen, dass er sich im Zuge seines noch immer laufenden Führerscheinentzugsverfahrens zu einer verkehrspsychologischen Untersuchung in einem dazu berechtigten Institut einzufinden habe. Außerdem wurde in dem amtlichen Schreiben noch erwähnt, dass erst auf Grund des Ergebnisses dieser Untersuchung die zuständige Verwaltungsbehörde entscheiden wird, ob ein weiteres psychiatrisches Gutachten eingeholt werden müsse.

Zur vorgeschriebenen verkehrspsychologischen Untersuchung erschien der Max allerdings nicht mehr. Auch die Rechnung dieses Instituts, die er begleichen sollte, obwohl er dort nie aufgetaucht war, konnte ihm nicht mehr zugestellt werden, da er seine Wohnung schon vorher für immer verlassen hatte und weder der Briefträger noch die normalerweise bestens informierten Behörden wussten, wo er sich aufhalten könnte. Die Polizei ermittelte dann eine Woche lang in Richtung Selbstmord, bevor sie schließlich eine Flucht des Abgängigen ins Ausland in

Betracht zog. Die zweite Version war absolut richtig. Ich weiß nämlich aus verlässlicher Quelle, dass sich der Max Kukolov bald einmal heimlich, still und leise aus dem Staub gemacht hat und jetzt mit dem Startkapital, das er nach dem Verkauf seines Autos und der Versteigerung seiner halbwegs wertvollen Münzsammlung in der Tasche, genauer gesagt, in der Reisetasche hatte, im fernen Buenos Aires lebt.
Wahrscheinlich zog es ihn ausgerechnet in diese Stadt, weil im Arbeiterviertel Barracas sein Cousin lebt. Dessen Vater war schon 1934 nach Argentinien geflüchtet, da er als Aktivist der Sozialistischen Partei Österreichs in seiner Heimat von den Austrofaschisten umgehend verhaftet worden wäre.

Mit dem bemerkenswerten Satz: „Wenn einem von diversen Experten hier andauernd eine geistige Abnormität attestiert wird, ist es besser wenn man in einer Stadt wohnt, in welcher die kleinste alltägliche Verrücktheit nicht gleich als Krankheit eingestuft wird", bezog der gebildete Wirt unseres Stammlokals, der einst sogar zwei Semester Psychologie studiert hatte, beim letzten Sonntagsfrühschoppen sehr eindeutig Stellung zur Flucht unseres Stammtischbruders. Diese Sicht der Dinge gefiel seinen Stammgästen gut; damit erntete er fast uneingeschränkte Zustimmung. Mit der Äußerung: „Ich glaube, dass der Max, diese ehrliche Haut, sicher das Richtige getan hat", mischte ich mich anschließend noch in die lebhafte Debatte ein.

„Die Besten gehen und die größten Trotteln bleiben und erschleichen sich auch noch die lukrativsten Jobs!", schrie dann noch der Peter Nickel ziemlich wütend, als er gerade beobachtete, wie sich auf dem Parkplatz vor dem gegenüberliegenden Haus unsere naive konservative Landtagsabgeordnete mit dem hochnäsigen scheinsozialdemokratischen Schulinspektor unterhielt und dabei ungeniert die Ausfahrt eines Lieferwagens blockierte.

Karli Sedler

Die folgende Geschichte wurde mir vor einigen Jahren erzählt, als ich meinen schon jahrelang am südlichen Stadtrand Wiens lebenden Cousin Andreas besuchte. Aufgewachsen ist dieser nette Kerl, der mir eigentlich heute noch der liebste unter meinen Verwandten ist, allerdings im niederösterreichischen Dorf L.
Dieses Dorf liegt an einem kleinen Fluss, der zwei zirka 900 Meter hohe Hügelketten durchtrennt. Dort war Andreas bis ins Jünglingsalter hinein mit einem Burschen befreundet, den ich hier vorsichtshalber Karli Sedler nennen werde. Dass ich dessen wirklichen Namen nicht verraten darf, wird der Leser verstehen, wenn er diese Geschichte aus dem wahren Leben zu Ende gelesen hat.
Als Autor weiß man ja nie, ob sich nicht ein Kriminalbeamter irrtümlich oder absichtlich in die Leserschaft hineinschmuggelt und nach der Lektüre eines Buches neuerlich in einer Sache herumstöbert, die längst in den Aktenordnern mit den unerledigten Fällen ruht.

Bevor ich nun berichte, was berichtenswert ist vom Leben dieses Karli Sedler, erlaube ich mir noch ein paar ganz und gar nicht unwesentliche Überlegungen:
Vielen Menschen ist es durchaus recht, dass sie jenen Gestalten, die sie mit Vorliebe bei diversen Faschingsfesten und Faschingsumzügen verkörpern, in ihrem Alltag nicht ähnlich sind. Wer sich in der närrischen Zeit als Clown verkleidet, ist meistens froh, dass er während des Jahres von seinen Arbeitskollegen nicht als solcher

betrachtet wird. Wenn sich ein Chirurg beim Gschnas seines Stammlokals als Henker verkleidet, würde er es nicht schätzen, am Tag danach von seinem Operationsteam hinter vorgehaltener Hand so bezeichnet zu werden. Zu guter Letzt möchte auch jemand, der als Kaiser die Faschingsbälle bereichert, in seinem Alltag nicht ständig von schleimigen Hofschranzen umgeben sein.

Ein paar Menschen, welche ich im Laufe meines Lebens kennengelernt habe, wollten jedoch um jeden Preis jene Rolle, in welche sie bei den diversen Maskenbällen mit Vorliebe geschlüpft waren, auch im Alltagsleben glaubhaft weiterspielen.
Dies gelang bisher allerdings, wie Sie sich vorstellen können, den wenigsten. Fast alle sind letztlich dabei aus den verschiedensten Gründen gescheitert.
Einer, der seinen geliebten Faschingsberuf in seinen alten Tagen tatsächlich ausübte, war eben dieser Karli Sedler.
Mein Cousin ist seinerzeit im selben Dorf, genauer gesagt im selben Weiler, aufgewachsen wie der Titelheld dieses Berichtes, der einerseits zu den klügsten und andererseits zu den feigsten Kindern seiner Schulklasse gezählt hatte. Diese Kombination ist bekanntlich eine sehr häufig zu findende und eine durchaus nachvollziehbare. Da bei den Landkindern meistens der Mut mehr zählt als die Klugheit, war er bereits als Volksschüler ein unbeliebter Außenseiter. Selbst sein ansehnliches Äußeres – er war ein hellblonder, großgewachsener dunkeläugiger Knabe – rettete ihn diesbezüglich nicht. Das änderte sich auch während der Jahre, in denen er täglich zur Hauptschule in die Nachbargemeinde fahren musste, keineswegs.

Andreas konnte sich noch gut daran erinnern, dass sein Freund nach der Pflichtschulzeit in dieser Nachbargemeinde eine Banklehre bei der örtlichen Volksbank beginnen musste, da er von seinem Vater, einem überaus ehrgeizigen kleineren Postbeamten, förmlich dazu gezwungen wurde.

Nach den Berufsschuljahren trafen sich die Beiden nur noch sporadisch. Der Andreas war bereits als junger Angestellter nach Wien ausgewandert, deshalb sahen sie sich nur mehr an jenen Tagen, in denen Andreas das Heimweh plagte, weil ihn die Schnelligkeit des Stadtlebens nervte oder die Sehnsucht nach grünen Wiesen und hellen Mischwäldern übermächtig wurde.

Am Faschingsdienstag reiste er allerdings jedes Jahr in das Dorf seiner Kindheit; für ihn gab es nämlich in ganz Wien keinen einzigen Ball, der mit dem dörflichen Sportvereinsmaskenball konkurrieren konnte.

Auch für seinen Schulfreund Sedler war dieser Ball eine jährliche Pflichtveranstaltung.

Jedes Mal zwängte er sich bei diesem Fest in dasselbe, durchaus phantasievolle Bankräuberkostüm. Nach und nach wurde seine Kostümierung deshalb von den meisten Ballgästen nur mehr oberflächlich betrachtet. Auf die Idee, dass mit dieser Verkleidung eine tief verwurzelte Sehnsucht befriedigt werden sollte, war vorerst keiner gekommen. Im Lauf der Jahre, als die Dörfler erfuhren, dass der Karli während der Faschingszeit auch auf Maskenbällen in den Nachbarorten und sogar auf dem Gschnas der Volksbankenzentrale in Wien in seinem immer gleichen Bankräuberkostüm aufkreuzte, machten immerhin ein paar Tratschtanten diese offensichtliche Phantasielosigkeit zu ihrem Gesprächsthema, sofern es sonst nicht viel Neues zu bereden gab bei ihren diversen Zusammenkünften.

Vor etwa fünf Jahren wurde der Karli, der als nunmehr schon älterer Herr in seiner Heimat noch immer das „i" in seinem Vornamen schlucken muss, in die Frühpension geschickt. Von da an besuchte er Andreas regelmäßig in der Großstadt. Dort hatte es dieser stets tüchtige Kerl inzwischen immerhin geschafft, in seinem Metier so erfolgreich zu sein, dass er in der Lage war, in einem im Süden der Bundeshauptstadt gelegenen Bezirk ein kleines Häuschen zu kaufen. Besonders den Garten dieses stillen Asyls liebte er. Oft lauschte er dort in den Frühjahrs- und Sommermonaten schon in aller Herrgottsfrüh mit großer Begeisterung dem Konzert, welches all die Singvögel, vor allem Wendehälse, Gimpel, Amseln und Rotschwänze, zwitscherten.

Seinem Freund Sedler war es trotzdem lieber, wenn sie sich unmittelbar nach seiner Ankunft gleich wieder zu einem nahegelegenen Heurigenlokal aufmachten, das am Fuße eines Stadtrandweinberges errichtet worden war.
Nach vielen intensiven Heurigengesprächen verfestigte sich die Freundschaft der ehemaligen Schulkameraden langsam wieder, schließlich entwickelte sich abermals eine tiefe Vertrautheit. So erfuhr der Andreas eines Tages auch, dass nicht eine zu vermutende Phantasielosigkeit der Grund für die alljährlich gleiche Kostümierung Sedlers war, sondern dessen Wut auf das gesamte Bankwesen.
Einerseits war der Karli auf seine Branche grundsätzlich wütend, weil ihm das väterliche Hineinpressen in den ungeliebten Beruf

alle Chancen geraubt hatte in seinem Traumberuf Schauspieler erfolgreich zu werden. Andererseits wurde diese Wut im Laufe der Jahre nicht geringer; gerade ihm, dem sogenanntem Insider, war ja nicht verborgen geblieben, wie schamlos die einfachen und ehrlichen Leute auch in jener Bankfiliale, in welcher er bis zuletzt im Buchhaltungsbereich beschäftigt gewesen war, von den sogenannten Kundenberatern kaltblütig abgezockt wurden.
Mit jedem Einfamilienhaus, welches sich eine junge Familie förmlich vom Mund abgespart hatte bis es auf Drängen seiner Bank letztlich doch versteigert wurde, wuchs sein Unbehagen. Mit jedem risikobehafteten Fremdwährungskredit, der einem vertrauensvollen Wohnungskäufer letztlich das Genick brach, wurde ihm seine Ohnmacht bewusster. Mit jeder Zeitungsmeldung, welche die gewaltigen Gehälter und Erfolgsbonifikationen der Bankmanager publik machte, verschlimmerten sich seine Magenprobleme.
Als zudem sein Kopfzerbrechen immer öfter das Gefühl verursachte, dass sein Kopf bald zerbrechen würde, wurde er wegen der häufiger werdenden Fehlzeiten bereits als Dreiundfünfzigjähriger mit einer fetten Abfertigung in den Ruhestand geschickt.

Die Vermutung liegt nahe, dass er nach dem Ende seiner beruflichen Tätigkeit und dem damit verbundenen Abnehmen des Leidensdrucks kein Bedürfnis mehr hatte, sich immer wieder als Bankräuber zu kostümieren. Merkwürdigerweise geschah das Naheliegende überhaupt nicht, geradezu das Gegenteil passierte. Dies zu ergründen, wäre wohl eine reizvolle Aufgabe für einen Psychologen.

Ich kann es mir nicht erklären, ich kann hier nur berichten, was mir erzählt wurde. Das ist halt so bei den Autoren, die allesamt recht gut beobachten, berichten und phantasieren können, die aber darüber hinaus kaum etwas können.
Berichten kann ich jedenfalls, dass sich der Karli als Pensionist nicht mehr damit begnügte auf österreichischen Faschingsbällen in seinem Bankräuberkostüm aufzukreuzen, sondern sein Revier derart vergrößerte, dass er seit zwei Jahren auch bei Karnevalsveranstaltungen in Köln auftauchte.

Eines Tages beichtete er meinem Cousin, dass er nach einer mehrmonatigen Wanderung entlang der Donau auch bei einem Maskenball in der serbischen Hauptstadt in seiner Standardverkleidung aufgekreuzt war und es dort gottseidank keinem Menschen aufgefallen ist, dass an diesem Abend nicht eine Spielzeugpistole an seiner rechten Hüfte baumelte, sondern eine echte Waffe. Diese hatte er zuvor in einem obskuren Belgrader Vorstadtlokal erworben, das ihm von einem alten Donaufischer empfohlen worden war.

Weil einige Wochen nach diesem Geständnis ein Friedensforscher in einer Fernsehdiskussion behauptete, dass mit den meisten aller verkauften Waffen wahrscheinlich auch geschossen wurde, war mein Verwandter erstmals ziemlich beunruhigt. Deshalb nahm er sich vor, das heikle Thema Waffengebrauch sofort aufs Tapet zu bringen, wenn ihn sein Freund das nächste Mal besuchen würde. Bis dieser wieder bei ihm auftauchte, dauerte es nur wenige Tage; der ledig gebliebene Kerl war ja seit seiner Pensionierung verdammt einsam geworden. Die meisten Menschen aus seiner

Altersgruppe waren in der Freizeit lieber mit ihren jeweiligen Familien unterwegs als mit ihm. Sedlers relativ große Einsamkeit war auch das Erste, das mein Cousin an diesem lauschigen Abend im Gastgarten des Heurigenlokals ansprach.

Nach dem dritten Viererl kam er dann auf das Thema zu sprechen, das er in erster Linie mit seinem Trinkgenossen erörtern wollte.

„Karli versprich mir, dass du mit der Pistole, welche du in Belgrad gekauft hast, niemals auf Menschen schießen wirst!", sagte er überfallsartig zu seinem Freund, als die Kellnerin, bei der sie gerade ein nächstes Viererl bestellt hatten, sich wieder weit genug von ihrem Tisch entfernt hatte.

"Sicher nicht!", antwortete der Karli. Damit war dieses heikle Thema für Andreas wenigstens vorerst vom Heurigentisch; er fühlte nämlich bereits, dass er für ein weiteres tiefergehendes Gespräch geistig schon zu schlaff geworden war.

Als die beiden ihre Gläser geleert hatten, machten sie sich halbwegs entspannt auf den Heimweg. Weil der auswärtige Zechkumpan nicht mehr fahrtüchtig war, übernachtete er im Haus meines Cousins. Dort öffneten die zwei schon beträchtlich Illuminierten noch ein Fläschchen vom guten Grünen Veltliner aus Poysdorf. Bevor sie auch dieses fast geleert hatten, rückte der Karli ohne Vorwarnung mit jenen absurden Sätzen heraus, die jeden anständigen Menschen gehörig schockieren würden:

„Weißt du", sagte er plötzlich, „du kannst dich hundertprozentig darauf verlassen, dass ich meine serbische Pistole nie verwenden werde. Allerdings habe ich mit einer Spielzeugpistole inzwischen schon ein paar Banken ausgeraubt, darunter sogar jene, in der ich seinerzeit gearbeitet habe."

Die Gesprächspause, die sich nun ergab, währte sicher zwei Minuten.
„Macht dir das Spaß?", fragte ihn Andreas danach.
„Ja", antwortete er sofort ernsthaft und mit einem zufriedenen Lächeln im Gesicht.
„Und was ist mit dem Geld?"
„Das ist schon zu Schulen in drei afrikanische Dörfer geflossen."
„Verrate mir wenigstens die Orte", fauchte ihn mein Cousin unwirsch an.
„Jene in Afrika?" fragte Sedler vorsichtshalber nach.
„Die Tatorte interessieren mich vorerst einmal mehr als die Orte, in welche du die Beute überwiesen oder hingebracht hast", schrie ihn Andreas förmlich an, da er in diesem Moment wirklich äußerst genervt war.
Obwohl mein Cousin durchaus nicht den Eindruck hatte, dass seine Frage nach den Tatorten ganz daneben oder gar komisch wäre, erzürnte sie den Karli total.
„Unmenschlicher, herzloser Trottel", lallte er deshalb so energisch wie man halt energisch lallen kann, bevor er sich auf dem Sofa noch einmal ausstreckte und danach sofort einschlief. Bevor der Schlaf sehr tief wurde, brummte er noch ein paar kaum zu verstehende Worte. Andreas vermutete, dass es die Ortsnamen Rohrbach, Gmünd und Freistadt waren.
Das werden wohl alles Orte mit einer Volksbank sein, sinnierte er noch, bevor auch er zu Bett ging und in einen tiefen Schlaf fiel.

Als mein Cousin am nächsten Morgen aufwachte, schien bereits die Sonne mit nahezu ganzer Kraft ins Schlafzimmer. Obwohl an diesem Tag kein Wölkchen den Himmel trübte, war er verdammt schlecht gelaunt.

Der verachtende Blick, den ihm sein Gast gestern vor dem Einschlafen zugeworfen hatte als er nur die Tatorte erfahren wollte und nicht die Namen jener afrikanischen Dörfer in denen das geraubte Geld gelandet war, verunsicherte ihn halt immer noch gehörig. Leider konnte er diesen nächtlichen Konflikt nicht mehr befrieden. Sein Gast hatte das Haus schon verlassen.

Drei Monate nach dieser denkwürdigen Nacht reiste der Andreas wieder einmal in seinen Heimatort. Dort erfuhr er gleich, dass sein Freund Karli Sedler eine Woche zuvor in Afrika verstorben ist. Ein aggressiver Kopftumor, der erst sechs Wochen vor seinem Tod entdeckt worden war, konnte nicht mehr gebändigt werden. Am Sterbeort wurde er auch beerdigt. In seinem Testament hatte er anscheinend verfügt, dass der Sarg mit seinem Leichnam den afrikanischen Kontinent niemals verlassen dürfe.

Medardus Lüftl

Medardus Lüftl war schon 60 cm lang, als ihn seine Mutter aufs Kreißsaalbett presste. Dass er einmal ein langer Lulatsch werden würde, war allen neugierigen Babyschauern sofort klar. Im vierten Lebensmonat wurde ihm seine Wiege bereits zu kurz; als Halbjähriger musste er, wenn er nicht mit seinem Köpfchen an die Holzbretter stoßen wollte, beim Liegen in der Seitenlage das Kinn genau so zum Brustbein ziehen, wie es ein scheinbar ins Abendgebet versunkener, aber eigentlich nach den Brüsten seiner Köchin schielender Landpfarrer tut.

Nach zwölf Monaten ging seine horizontale Epoche langsam zu Ende, nun trugen ihn endlich die dünnen Beinchen durch seine kleine Welt. Da der Bub wegen der in der Wiege antrainierten Kopfhaltung mehr auf den Boden und weniger in den Himmel guckte als andere Kinder, beobachtete er alles was kreuchte und fleuchte intensiver als alles, was durch die Luft flog. Trotzdem hatte er schon damals ein gutes Gespür für alles, was in der Luft lag.

Manchmal wurde er von einigen gleichaltrigen Dorfkindern gehänselt, weil er sie um eine gute Kopflänge überragte; im Großen und Ganzen waren seine Kindheitsjahre aber recht glückliche Jahre. Sie fielen in jenes Jahrzehnt, in welchem die Soldaten aus dem Zweiten Weltkrieg allmählich nach Hause kamen und der sogenannte Kameradschaftsbund sich in nahezu allen Dörfern und Marktgemeinden zu einem mächtigen Kriegsnostalgieverein entwickelte, der bei nahezu allen örtlichen Festlichkeiten an vorderster Front stand. Natürlich war dies auch in seinem

Heimatdorf Unterprechtlingsberg der Fall, wahrscheinlich waren die Veterana hier noch dominanter als in den Nachbardörfern.

Sein Vater, ein völlig verarmter Baron, der als lausiger Trabrennfahrer mehr sich und seine Pferde über die Runden brachte als seine Familie, hatte kein Geld für die Ausbildung des ziemlich klugen Knaben zur Verfügung; eines auszuleihen hätte seine Würde verletzt. Somit blieb Medardus Lüftl der Besuch einer Höheren Schule verwehrt. Deshalb absolvierte er auch die letzten vier Pflichtschuljahre nicht – wie ursprünglich vorgesehen – an einem Gymnasium, sondern in der Dorfschule. Das ärgerte ihn allerdings nicht im Geringsten; eigentlich war er sogar recht froh darüber, dass seine Eltern gar keine andere Wahl hatten.

In der alten, mit einem Kachelofen beheizten Schulstube genoss er in erster Linie die tägliche Zeichenstunde. Sein Lehrer war nämlich ein eifriger Landschaftsmaler, der Jahr für Jahr bei etlichen Schülern eine große Begeisterung für diese Kunst entfachen konnte. Auch Medardus sah sich in so manchem Tagtraum schon als berühmten Maler, dem die ganze Welt zu Füßen liegen würde.

Vorerst musste ein sogenannter Brotberuf für ihn gefunden werden. Da sein Vater – bedingt durch einen sehr verkorksten Privatunterricht bei einer verzopften böhmischen Gouvernante – zeitlebens ein weltfremder Mann geblieben war, kam er eines Tages auf die kuriose Idee, dass für seinen außergewöhnlich groß gewachsenen Buben der Beruf des Leitermachers der geeignetste wäre. So landete sein Sohn nach der Pflichtschulzeit, die im Sommer des Jahres 1960 zu Ende gegangen war, im 70 km vom

Elternhaus entfernten Ort Pramskirchen um dort in der kleinen Holzleiter- und Holzschlittenfabrik Gernbauer & Söhne eine Wagnerlehre zu absolvieren, da es für die Leitermacher keinen staatlich anerkannten Berufsschulzweig gab.

Dass Medardus' geliebte Mutter scheinbar gar nicht mehr aufhören konnte zu weinen und zu schluchzen als er das Elternhaus verließ, erleichterte ihm den Start in den neuen Lebensabschnitt natürlich nicht. Und der Gedanke, dass auch Mitleid wahres Leid verursachen kann, ließ ihn schaudern.

In Pramskirchen, das sich im Lauf der Jahrhunderte in einer waldreichen Landschaft zwischen zwei sanften Hügeln des Alpenvorlandes breitgemacht und später auch langgemacht hat, lebten damals zirka fünftausend Leute.
Am zentralen Marktplatz stand ein stattlicher Gasthof neben dem anderen. Die beiden Laubbäume vor dem Gemeindeamt verloren schon die ersten Blätter und im angrenzenden Garten des frisch renovierten Bäckerhauses wurde gerade ein ländlich-modernes Caféhaus errichtet, als Medardus seine Ausbildung begann.

Man kann schon verstehen, dass der junge Lehrbub aus Unterprechtlingsberg hier im Lauf der Zeit das Leischen lernte. Mit diesem eigenartigen Wort bezeichnet man in dieser Gegend das Ausschwärmen zu diversen Unterhaltungsveranstaltungen und Abenteuern.
Während der ersten zwei Lehrjahre musste er die Abende allerdings noch vorwiegend in seinem kärglich möblierten Dachbodenzimmer im Haus des Lehrherrn verbringen, danach war

er endlich bei den zahlreichen Wirtshausstammtischen ein gern gesehener Gast.
Am liebsten verbrachte er die Wochenendnächte jedoch im neuen Caféhaus, weil sich dieses, vor allem durch die dort aufgestellte Musikbox, immer mehr zum Treffpunkt der Dorfjugend entwickelt hatte. Hier fand der junge Wagnerlehrling auch seine erste Geliebte, die quirlige, sommersprossige Krämerstochter Notburga Hofnagl.

Im dritten Lehrjahr näherte sich Medardus schon seiner endgültigen Größe von 2,02 Meter an. Da die Notburga, die von allen schlicht Burgi gerufen wurde obwohl sie es hasste, ebenfalls eine eher hochgeschossene und zudem äußerst fesche Maid war, waren die beiden, besonders im Sonntagsgwandl, ein geradezu stattliches Liebespaar, das keinen Kirtag und keine Faschingsgaudi versäumte.
Ihr bevorzugter Treffpunkt war der alte Kirschbaum am Rand des kleinen Schlossparks. Hier küssten sie sich in einer lauen Frühlingsnacht zum ersten Mal, hier vergossen sie bittere Tränen, als die Liebe nach zwei Jahren zerbrach.
Dieser Kirschbaum, der jahrzehntelang der Baum der Liebenden war, wurde später, als es mit Pramskirchen mehr und mehr bergab ging, als sich immer mehr Wirtshäuser in Wettbüros oder chinesische Reis- und Nudelküchen verwandelten, zum Unglücksbaum. Der vorletzte im Ort verbliebene Wirt zerbrach sich bei einem Sturz mit dem Fahrrad am Stamm seinen Dickschädel und der letzte im Ort verbliebene Greißler erhängte sich im Jahr darauf am dicksten Ast.

Mit dem Lehrplatz hatte es Medardus Lüftl gut getroffen. Nachdem der Seniorchef die künstlerische Begabung des Lehrbuben erkannt hatte, brachte er diesem in erster Linie alte, inzwischen fast vergessene Fertigkeiten des Wagnerhandwerks bei. Auch mit dem Schnitzen von Heiligenfiguren durfte sich der Bub beschäftigen, obwohl das gar nicht im Ausbildungsplan vorgesehen war. In der Leiter- und Schlittenmanufaktur wurde er nur spärlich eingesetzt. „Dafür ist mir der begabte Bub zu schade", pflegte der Seniorchef diesbezüglich zu sagen.

Als Medardus Lüftl gerade sein drittes Gesellenjahr beendet hatte, musste sein Chef die Pforten des Betriebs für immer schließen. Die bisherige Kundschaft zog die plötzlich in den Handel drängenden Metallleitern den Holzleitern vor, auch der Verkauf der Holzschlitten wurde von Jahr zu Jahr schwieriger; mit jedem Jahr, mit dem das Schifahren moderner und durch die Liftanlagen bequemer wurde, wurde das Schlittenfahren unmoderner, heute würde man sagen uncooler.

Nun war guter Rat teuer für den arbeitslos gewordenen jungen Mann. Zum Glück erwachte bereits in den ersten Wochen der Beschäftigungslosigkeit seine alte Liebe zur Malerei. Deshalb zog er wieder in sein Elternhaus, um sich von seinem ehemaligen Dorfschullehrer intensiver in die Kunst der Malerei einweihen zu lassen. Sechs Monate später war er so weit, dass er sich unsicher, aber immerhin, zur Aufnahmeprüfung an die Wiener Kunstakademie wagte.

Er bestand. Er bestand, obwohl er selber gar nicht so richtig daran geglaubt hatte, er bestand, obwohl es ihm überhaupt nicht gelang, seine Selbstzweifel zu verstecken. Der alte Professor, der ihn in seine Klasse aufnahm, gab ihm überraschenderweise sogar zu verstehen, dass der stetig wiederkehrende Zweifel an der Qualität der eigenen Werke ein wesentliches Merkmal großer Künstler wäre.

In jenem Jahr, in welchem Medardus in Wien sein Studium an der Hochschule für bildende Kunst – genau so oder so ähnlich hieß die landläufig Kunstakademie genannte Anstalt – aufnahm, fürchteten die guten Bürger dieser Großstadt eigenartigerweise die Beatles oder die linke Studentenbewegung mehr als die asiatische Grippe und die Heumarktringer.

Der junge Lüftl jagte den braven Bürgern aber keinerlei Angst ein, er löste, so wie er daherstakte, bei den Großstädtern eher ein mitleidiges Lächeln aus. Meistens trug dieser lange Lulatsch nämlich eine alte Hose, die kaum die Knöchel bedeckte. Weil er zu wenig Geld hatte für den Kauf eines Sakkos, bevorzugte er zwangsläufig die trachtigen Westen und Anzugsjacken aus seinen Pramskirchner Jahren. Wegen der Befürchtung, mit diesem Gwandl allzu konservativ zu wirken, trug er das Haar viel länger als die Beatles. Auf den Kopf setzte er sich Tag für Tag einen alten, breitkrempigen Hut. Den hatte ihm der Dorfschullehrer von Unterprechtlingsberg nach der bestandenen Aufnahmeprüfung an diese Brutstätte großer Künstler geschenkt, als sie nach einer ausgedehnten Wanderung in der von Getreide- und Kartoffelfelder geprägten, eher flachen Landschaft, in dessen Wohnung zurückgekehrt waren und mit einem Glas Kornschnaps auf die bestandene Prüfung angestoßen hatten.

Das Studium der Malerei betrieb der erste gebürtige Unterprechtlingsberger, der je ein Hochschulstudium aufnahm, mit viel Eifer und Freude. Außer der Landschaftsmalerei bei seinem Professor lernte er bei einem anderen Hochschullehrer noch akribisch die Kunst der Porträtmalerei. Für die moderne Malerei interessierte er sich auch. Die Möglichkeit, mit dem Pinsel oder mit was auch immer, seine Gefühle abstrakt ausdrücken zu können, faszinierte ihn, aber Seins war's trotzdem nicht. Er ließ den Gefühlen lieber freien Lauf beim Saufen, notfalls auch beim Raufen in urigen Wiener Vorstadtbeisln. So kam es, dass er für sein persönliches Seelenheil die Ausdrucksmöglichkeiten der modernen Malerei gar nicht nötig hatte.

Das Geld fürs Studium verdiente sich Medardus vorwiegend als Teilzeithausmeister in der Villa einer freundlichen jüdischen Unternehmerfamilie. Deren gepflegter großbürgerlicher Lebensstil imponierte ihm sehr; er kannte ihn vorher nicht, er wollte ihn später selber pflegen. Dass es dafür nicht so sehr auf die finanzielle Ausstattung ankommt als auf eine entsprechende Haltung, stimmte ihn durchaus optimistisch.

Die in der altehrwürdigen Villa als Putzerin beschäftigte Branka Velusic wurde bald zu seiner Vertrauten, die sich auch einfühlsam um sein sexuelles Wohlbefinden kümmerte.

Nach zirka vier Jahren hatte er schließlich sein Kunststudium erfolgreich zu Ende gebracht, am selben Tag, an dem Bruno Kreisky erstmals zum Bundeskanzler ernannt wurde, wurde Medardus Lüftl zum Magister der Künste geweiht.

Einige Jahre blieb er noch in Wien, obwohl diese Jahre des Aufbruchs in den ersten Regierungsjahren Kreiskys für ihn persönlich eher Jahre des Niedergangs waren. Nachdem er mit seiner unmodernen Landschaftsmalerei kaum Furore machte, musste er sich mit Porträtmalerei mühsam über die Runden bringen. Als ihm diese Runden zu mühsam wurden, ehelichte er seine Branka Velusic. Im Lauf der Jahre ging den beiden das hektische Treiben in der Großstadt zusehends auf die Nerven; als die Nerven schon ordentlich genervt waren, übersiedelten sie schließlich in Brankas serbisches Heimatdörfchen. Im kleinen Bauernhof ihrer Eltern, der zirka fünfzig Kilometer südöstlich von Belgrad in eine sehr fruchtbare, leicht hügelige Landschaft eingebettet war, konnten sie zwei gemütlich eingerichtete Zimmer bewohnen.

In den benachbarten Dörfern fand Medardus in den folgenden Jahren allmählich einige serbische Künstler, die zu großartigen Freunden wurden. Einer von diesen Künstlern, die meistens auch wahre Lebenskünstler waren, entfachte in ihm das Feuer für die naive Malerei derart heftig, dass vereinzelte Glutreste noch Jahrzehnte später seine Seele aufwühlen konnten.

Leider beorderte der Herrgott die göttliche Branka einige Monate, ehe sie ihr erstes Kind gebären sollte, in sein Reich zurück. Ein inoperabler aggressiver Lungenkrebs hatte sie hinweggerafft als sie ihr vierzigstes Lebensjahr gerade erreicht hatte.

Kurz nach ihrem Tod verließ Medardus sein lieb gewonnenes serbisches Dorf in Richtung Unterprechtlingsberg. Es belastete ihn allzu sehr, dass er die ihn umgebende, bisher durchaus bunte serbische Hügellandschaft nur noch als eine in dichtem Nebel versunkene Gegend wahrnehmen konnte.

Zuhause war sein Vater in all den Jahren, in denen der Sohn außer Landes gewesen war, immer kränker und boshafter geworden. Seine noch immer sehr liebenswürdige Mutter war mit ihren Nerven deshalb schon ziemlich am Ende.

Zudem war die Stimmung im Heimatdorf während seiner Abwesenheit merklich kälter geworden. Viele seiner alten Freunde hatten es bereits verlassen und neue fand er nicht. Offenbar war er den Einheimischen schon zu fremd geworden war. Dazu kam, dass sich sein immer noch mit ihm befreundeter Dorfschullehrer nach Griechenland abgesetzt hatte, nachdem er zwei Jahre vor seiner geplanten Pensionierung zwangspensioniert worden war, weil er sich trotz mehrerer Rügen durch den Schulinspektor zu wenig um die vielen – seiner Meinung nach – unnötigen Bescheide von noch unnötigeren Schulbürokraten gekümmert hatte. So verließ auch Medardus Lüftl, nachdem er seiner Mutter mit den Worten „Es ist nie zu spät!" noch zur Trennung von ihrem grantigen Haustyrannen geraten hatte, das Heimatdorf in Richtung Griechenland; sein Gefühl sagte ihm, dass die Zeit längst reif sei für ein kleines Fest mit seinem Lieblingslehrer aus fernen Kindheitstagen. Dieser zeitlebens ledig gebliebene Mann bewohnte nun ein kleines Häuschen auf der Insel Samos. Dort lebte er genussvoll in den Tag hinein, dort malte er mit Hingabe bis in die Abendstunden. Medardus war einige Tage nach seinem Eintreffen nichts Besseres eingefallen, als das Nämliche zu tun.

Als nach mehreren Monaten seine mageren finanziellen Reserven aufgebraucht waren und die Lust auf neue Abenteuer in der weiten Welt immer größer wurde, verabschiedete er sich eines Tages mit viel Wehmut im Herzen von seinem alten Lehrer. Ein paar Wochen lang brachte er sich noch auf einer anderen griechischen Insel mit der Porträtmalerei über die Runden. Letztendlich fasste er, als er an einem angenehmen Frühlingstag im Hafen von

Piräus herumlungerte, den Entschluss, sich fortan als Straßenmaler durch die Welt zu pinseln.

Nachdem er im Hafen von Ancona italienischen Boden betreten hatte, blieb er einige Monate als Touristenporträtist an der Adria. Einen Sommer und einen Herbst lang konnte er dort die damals im Stiefelland noch spürbare Leichtigkeit des Lebens genießen; während des darauffolgenden Winters ruhte er sich in einem sizilianischen Provinznest aus, im April des nächsten Jahres setzte er seine Wanderschaft fort, bis er im September in einem kleinen südportugiesischem Dorf landete. Dieses war ganz nach seinem Geschmack. Die wenigen Häuser standen eng beisammen damit sie sich gegenseitig vor der unbarmherzig kräftigen Sonne im Sommer und vor dem rauen Atlantikwind im Winter schützen konnten. Dort begegnete er bei einem Weinlesefest, bei dem die Tische reich gedeckt mit regionalen Köstlichkeiten und die Krüge bis zum Rand mit rotem Wein gefüllt waren, zufällig der einheimischen Straßenmusikantin Maria Antonia Nunes und ihrem Freund, dem baskischen Clown Pedro Igorizzaga.

Allmählich entwickelten beide Männer die Größe, sich die Liebe zu Maria Antonia zu teilen, diese wiederum hatte die Lust und die Kraft sich beiden Männern mit Genuss hingeben zu können. Zirka zehn Jahre lang zog dieses glückliche Straßenkünstlertrio nun vom Frühling bis weit in den Herbst hinein von einem Land zum anderen. Das Winterquartier schlug es Jahr für Jahr in Maria Antonias Heimatdorf auf. Stets freundlich wurden die drei Straßenkünstler dort von ihren Eltern, einem kommunistischen Landarbeiterehepaar, aufgenommen und mit dem Allernotwendigsten versorgt, bis sie im Frühling wieder in die große weite Welt hinausstürmten.

Als die Drei auf ihrer Reise eines Tages wieder einmal in München ihre Kunst vor die Füße des vorbeiziehenden Volkes warfen, kam Medardus mit einem findigen bayrischen Bierbrauer ins Gespräch. Dieser hatte sich entschieden, ein alkoholfreies Hundebier auf den Markt zu bringen. Deshalb suchte er gerade nach einem kreativen Grafiker, der eine phantasievolle Werbelinie entwickeln sollte.

Medardus war vom ewigen Herumziehen schon längst nicht mehr so begeistert wie in den ersten Jahren seines Gauklerlebens, deshalb nahm er – per Handschlag – die ihm vom Münchner Brauereibesitzer angebotene Stelle im Bereich Graphik und Design schießlich an. Obwohl er sich mit diesem Bereich an der Kunstakademie seinerzeit nur sporadisch beschäftigt hatte, war er überzeugt, dass er dieser Aufgabe gewachsen sei. Das Selbstvertrauen nimmt einerseits zu mit dem Älterwerden; das Vertrauen in die Mitmenschen nimmt andererseits ab mit dem Älterwerden.

Vier Jahre arbeitete er dann in München. Als sich das Hundebier auf dem Markt gut etabliert hatte, wurde er nicht mehr gebraucht und schleunigst in die Wüste geschickt.

Die Wüste, von der er sich plötzlich angezogen fühlte, war sein Heimatland Österreich. Offensichtlich war sein Heimweh, obwohl Künstler eigentlich eher heimatlose Menschen sind, noch nicht endgültig gestillt. Ein Land stillt anscheinend bedeutend später ab als eine Mutter.

Da für einen Bewohner Münchens Salzburg die nächstgelegene österreichische Landeshauptstadt ist, wählte Medardus Lüftl diese berühmte Kulturmetropole als neuen Wohnort. Hier hatte ich auf der Liegewiese eines städtischen Schwimmbades meine erste Begegnung mit ihm. Bis wir schließlich Freunde werden konnten, trafen wir uns noch mehrmals zu allerlei gemeinsamen Ausflügen, Biergartenbesuchen, politischen Kaffeehausdebatten und sehr persönlichen Gesprächen.

Vorerst streifte Medardus häufig durch die verschiedenen Salzburger Stadtviertel. Zudem las er ganz genau, was die hiesigen Zeitungsredakteure schrieben. Allzu Eigenartiges stach ihm deshalb Tag für Tag in die Augen, unter anderem diese Meldung einer Tageszeitung:
Der Skistar M. dürfte im 100 km/h Bereich 192 km/h geschafft haben, was sich jedoch auf den offiziellen Wert von 140 km/h herunterkorrigieren ließ.

Nachdem Medardus nach mehreren Monaten intensiven Beobachtens klar geworden war, dass mit Zeitungsmeldungen wie dieser gar nichts Außergewöhnliches berichtet wurde, sondern etwas hierzulande beinahe Alltägliches, überlegte er sich ernsthaft, neuerlich auszuwandern.
In mehreren nächtelangen Gesprächen mit einem der wenigen seelenverwandten Menschen, die er in Salzburg noch gefunden hatte, ließ er sich schließlich doch überreden, vorerst nicht wegzugehen.
Der von diesem überaus anständigen Kerl vorgebrachte Einwand „wenn die Besten weggehen, werden die unzähligen tonangebenden Taugenichtse noch unverschämter werden", hatte ihn letztlich bewogen sich fürs Bleiben zu entscheiden und eine Gymnasiallehrerstelle für das Fach Bildnerische Erziehung anzunehmen.

Diese Anstellung war sehr leicht zu bekommen, es gab damals ja kaum akademische Maler, die an einer Schule unterrichten wollten. Deshalb wurde das erwähnte Fach in vielen Bildungseinrichtungen von Werkerziehungslehrern oder sogar von Hobbymalern unterrichtet.

Lang dauerte es nicht, bis der frischgebackene Lehrer anecke. Selbst in einem Staat, in dem viele auch dann noch glauben, dass alles rund läuft, wenn bereits vieles schief läuft, können halt kritische Menschen bald einmal anecken.
Mit einigen erzkonservativen Eltern gab es heftige Konflikte, als er den Maturanten die Kunst des Aktzeichnens näherbringen wollte. Der Schuldirektor ermahnte ihn mehrmals, dass er sich wenigstens an Elternsprechtagen eine Krawatte umbinden sollte und der Schulwart war außer sich, wenn er nach einer Unterrichtsstunde des Herrn Zeichenprofessors ein paar Farbspritzer am Boden entdeckte.

Es dauerte nur knapp zwei Jahre bis es Medardus endgültig bereut hatte, dass er doch in seinem Heimatland geblieben war. Wenn er nicht einige wenige gute Freunde gefunden hätte in einem Stadtrandbeisl und in einem privaten Literaturclub, hätte es nicht einmal so lange gedauert, bis er endgültig ausreisereif war.

Zwei Tage nach dem Ende seines zweiten und zugleich letzten Jahres als österreichischer Lehrer reiste er schnurstracks zu Maria Antonia, die gerade in Kopenhagen unterwegs war. Da der telefonische Kontakt zu ihr nie ganz abgebrochen war, konnte

dieses Wiedersehen sehr schnell organisiert werden. Als Straßenmusikantenpärchen durchstreiften sie nun abermals Europa, den Norden im Sommer, den Süden im Frühling und im Herbst.
Der dritte im Bunde, der Clown Igurizzaga war inzwischen in Paris sesshaft geworden. Er erspielte sich in dieser Weltstadt mit seinem außergewöhnlichen Talent vor etlichen Jahren ein Engagement in einem bekannten Clowntheater und verliebte sich dort während einer Vorstellung in eine tunesische Requisiteurin derart heftig, dass er sie bereits vierundsiebzig Stunden später ehelichte.

EPILOG:
Dass Medardus seine österreichischen Zeichenlehrerjahre noch immer nicht verarbeiten konnte, macht jener eigenartige Traum deutlich, den er Jahre danach in seinem portugiesischen Winterquartier träumte. Er schilderte ihn mir kürzlich bei einem unserer leider sehr selten gewordenen Treffen folgendermaßen:

„Zehn Kilometer außerhalb von Salzburg leitete ich in einem pompösen, von der Außenwelt abgeschotteten Schloss, in welchem die Hauswarte wie Butler gekleidet waren und die Studierenden wie kakanische Höflinge, eine neugegründete Fachhochschule, die ausschließlich zum Ziel hatte, den unvermeidlichen Untergang meines Heimatlandes durch die Heranziehung einer äußerst unwissenden und ungebildeten, aber trotzdem eingebildeten zukünftigen Elite zu beschleunigen.

Damit hatte ich mich auch verpflichtet, die verschiedenen Institute dieser hochkarätigen überparteilichen Privatuniversität einzurichten und die entsprechenden Institutsvorstände zu bestellen.

Dabei entschied ich mich für folgende Fachrichtungen und deren Leitungen:

INSTITUT FÜR ABSTRUSES FILOSOFIEREN
Barbara Karlich und Richard Lugner

INSTITUT FÜR ÖSTERREICHISCHE MASSENBERIESELUNG
Johann (Hansi) Hinterseer und Andreas Gabalier

INSTITUT FÜR ETHISCHE GRUNDLAGEN
DES MANAGEMENTS
Karl Heinz Grasser und Alfons Mensdorff-Pouilly

INSTITUT FÜR KREATIVE LEISTUNGSNACHWEISE
Walter Maischberger

INSTITUT FÜR GESCHMEIDIGEN IDEOLOGIEWECHSEL
Robert Lugar

INSTITUT FÜR FRÜHZEITIGE ALTERSVORSORGE-
PLANUNG
Hubert Gorbach und N. N.

INSTITUT FÜR TRICKREICHE WAHLANFECHTUNG
Heinz Christian Strache und Dieter Böhmdorfer

INSTITUT FÜR EINTRÄGLICHE SCHEINBESCHÄFTIGUNG
Ursula Stenzel
(nicht amtsführende Stadträtin der Gemeinde Wien)"

Der Klosterschülerfänger

Geld spielt nur mehr eine unbedeutende Rolle in meinem Leben. Das wenige, das ich derzeit verdiene, genügt für die Finanzierung meines bescheidenen Lebens. Die größten Freuden meines Daseins kann ich gratis genießen, ein grandioser Sonnenaufgang ist ebenso kostenlos zu haben wie ein Streifzug durch Mischwälder oder das Lachen eines Kindes. Dass meine Einkünfte für den Erwerb von Autos und vergoldeten Uhren nicht ausreichen, weiß ich inzwischen sehr zu schätzen.
Als Bub war ich allerdings ziemlich geldgierig. Ich weiß heute noch, wie glücklich mich jene Münze gemacht hat, mit der ich als sechsjähriger Knabe erstmals fürs Ministrieren in unserer Dorfkirche belohnt worden war.
Einen ganzen Monat lang musste ich dafür wöchentlich zweimal vorm Altar knien, gschaftig herumwuseln und auswendig gelernte lateinische Texte, deren Inhalt mir bis heute verborgen geblieben ist, herunterrasseln.
Für höhere Dienste, zu denen das andächtige Servieren der kleinen Wasser- und Weinkelche oder das Schwingen des Weihrauchfasses gehörte, kam ich als Anfänger leider nicht in Frage. Auch die finanziell lukrativen Beerdigungen und Hochzeiten blieben mir vorerst verwehrt.

Bei letzteren war nicht nur das Trinkgeld interessant, sondern auch der Brauch, dass neben dem Herrn Pfarrer auch seine Assistenten zum Hochzeitsmahl im Kirchenwirt eingeladen wurden. So gesehen ist es für die Ministranten nicht von Vorteil, dass die katholische Kirche ihren Gläubigen nur einmal im Leben eine kirchliche Hochzeit erlaubt.

Die wenigen Ausnahmen von dieser Regel werden ja meistens nur dem Adel und den bürgerlichen Großkopferten gewährt. Davon haben aber die kleinen Messdiener nichts. Bei den Trauungen der Prominenten ministrieren meistens sogar Pröpste, Prälaten oder Dechanten.

Alle derartigen kirchlichen Funktionen blieben mir gottseidank letzten Endes ebenso erspart, wie ein einfacher Priesterstand. Gottseidank sage ich heute, weil ich in den letzten Jahrzehnten genug erfahren habe über die Schandtaten, in welche die katholischen Bodentruppen Gottes häufig verwickelt waren.

Als Kind ahnte ich noch nichts davon. Deshalb wäre es damals für die Klosterschülerfänger, für jene Patres also, die man zur Rekrutierung des Ordenspriesternachwuchses in die Dörfer hinausgeschickt hatte, nicht gänzlich unmöglich gewesen, mich in eines dieser Klosterinternate zu locken, welche vorwiegend Priesterzuchtanstalten waren.

Vier Ministrantenjahre hatte ich als zehnjähriger Volksschüler schon hinter mich gebracht, als ich seinerzeit von einem dieser Klosterschülerfänger entdeckt wurde. Ich kann mich auch heute noch genau an diesen Tag erinnern, der mein späteres Leben fast in eine Bahn gelenkt hätte, in welcher ich vermutlich unglücklich geworden wäre.

Dieser für meinen späteren Lebensweg so entscheidende Tag war ein sonniger Frühlingstag in der zweiten Aprilwoche des Jahres

1960. Der letzte Schnee auf den dorfnahen Wiesen war endlich geschmolzen, die ersten Frühlingsknotenblumen schossen aus dem Boden, die Winterschläfer pirschten wieder durch Wälder und wir Buben waren unendlich froh, dass wir die schweren Schischuhe wieder verstauen und endlich mit den leichten Turnschuhen den Fußballplatz ansteuern konnten. Die Schischuhe waren uns fast angewachsen während des Winters, das Schifahren war ja beinahe unsere einzige Freizeitbeschäftigung in dieser Jahreszeit. Der ehrgeizige Trainer des örtlichen Schiklubs jagte uns tagtäglich stundenlang durch die Slalom- und Riesenslalomstangen. Er wollte aus uns um jeden Preis sehr erfolgreiche Schirennläufer machen. Als Besitzer der größten Frühstückspension im Dorf wusste er nur allzu genau, dass ein Schiweltmeister aus unserem relativ unbekannten Kaff für die Kassen der Fremdenzimmervermieter und Gastwirte von größtem Vorteil wäre.

Da es keinen Turnsaal gab, mussten wir uns in der kalten Jahreszeit auch noch im schulischen Sportunterricht jedes Mal auf dem steilen und schattigen Hang beim Mattbauern mit den Übungen der klassischen österreichischen Schischule abquälen.

Die Wörter Stemmbogen und Stemmschwung sind mir heute noch zuwider. Diese Abneigung geht so weit, dass ich förmlich allergisch geworden bin gegen alles, was mit dem Stemmen zu tun hat. Ich laufe zum Beispiel sofort weg, wenn es in einer lustigen Runde los geht mit dem Bierkrugstemmen. Zum Glück gibt es keine Weinkrugstemmmer. So ist mir – auch weil mich die Rebstöcke nie an Schistöcke erinnern – wenigstens die Freude am Weintrinken nicht verdorben worden. Den langen Parallelschwung und den ganz kurzen, das rhythmische Wedeln, übte ich allerdings mit Begeisterung. Das schön anzuschauende schwungvolle Wedeln ist ja eigentlich der Samba der Älpler. Deshalb hatten die besten Wedler immer die größten Chancen bei den schönsten Touristinnen. Dies war selbst den in Liebesdingen noch völlig unerfahrenen Buben nicht verborgen geblieben.

Auf unseren Fußballplatz stürmten wir, sobald er durch den Südföhn oder die Frühlingssonne endlich schneefrei geworden war, geradezu euphorisch. Es gab ihn noch nicht allzu lange, er hatte für uns noch den Reiz alles Neuen.
Das früher im Schulhof oft gespielte Völkerballspiel interessierte uns Neo-Fußballer jetzt überhaupt nicht mehr. Auch unsere Indianerschlachten, in denen wir immer mit Hingabe gekämpft hatten, waren uns nicht mehr wichtig, seit der Pfarrer im Beisein des Bürgermeisters und des Sportlandesrates unsere Fußballarena eingeweiht hatte.

Der Klosterschülerfänger aus der Stadt Salzburg hatte also durchaus den richtigen Riecher, als er an dem vorhin schon erwähnten sonnigen Apriltag um zirka fünfzehn Uhr ausgerechnet auf dem Fußballplatz auftauchte.
Vorerst täuschte er Interesse an unserem Sport vor; wenn ein Tor fiel schrie er – während er mit den Händen heftig Beifall klatschte – laut Bravo. Und wenn ein Ball in seine Nähe rollte schoss er ihn äußerst ungelenk sofort zurück. Dabei grinste er anbiedernd. Lange dauerte es jedoch nicht, bis er mit dem wahren Grund für sein Erscheinen herausrückte: „Kommt einmal kurz zu mir her, ich muss euch etwas fragen", rief er, als er merkte, dass wir uns eine kurze Pause gönnen wollten. Nachdem wir uns bei ihm versammelt hatten fragte er sofort: „Hat einer von euch schon etwas von den Pallottinern gehört?"

„Nein", riefen wir sofort zurück im Chor. Wir lebten ja sehr einfältig in diesem von allen Metropolen weit entfernten und vom Tourismus gerade erst entdeckten Dörfchen und kannten deshalb weder Pallottiner noch Palästinenser.

„Wir Pallottiner sind Priester, welche in einer Ordensgemeinschaft leben", erklärte er uns deshalb in einem sehr belehrenden Tonfall. In diese Richtung hatten wir schon gedacht, seine Kutte war ja nicht zu übersehen. „Ich persönlich", ergänzte er noch, „lebe im Pallottinerkloster in Salzburg. Das ist ein schlossähnliches Gebäude am Mönchsberg, in welchem derzeit sieben Patres und 25 Kinder wohnen. Diese Kinder besuchen eine katholische Klosterschule drunten in der Stadt. Wenn sie dort nach acht Jahren die Matura geschafft haben, beginnen sie üblicherweise mit einem Studium, in welchem sie alles lernen, was man als Priester wissen muss. Wenn sie schließlich zum Priester geweiht werden, gibt es ein großes Fest in ihrem jeweiligen Heimatdorf. Dieses Fest heißt Primizfeier. Es ist für jedes Dorf und insbesondere für die Eltern eines Jungpriesters eine ganz besondere Ehre."
Dass diese Ehre keinesfalls am nächsten Tag gleich wieder verblasst, sahen wir am Beispiel des versoffenen Briefträgers Max Lerchner. Seit der Bub, den seine Frau in die Ehe mitgebracht hatte, zum Priester geweiht worden war, ist dessen Ansehen nämlich so enorm gestiegen, dass er nun im Extrazimmer des Gasthofes Maierbräu mit den honorigen Männern am Bürgerstammtisch sitzen darf.

Während unser Tormann, der Kurti, sich wieder den Ball schnappte und uns zum Weiterspielen aufforderte, meldete sich der Pater ausgesprochen energisch noch einmal zu Wort: „Wartet!

Bevor ihr weiterspielt müsst ihr mir noch sagen, ob einer von euch Interesse hätte, Priester zu werden."

Keiner hatte eines. Dementsprechend lang und eindeutig war unser Schweigen.

„Ist einer unter euch, der ein guter Schüler ist und auch ministriert oder das Kirchenblatt austrägt", fragte er nun ganz konkret.

„Der Peter", platzte es sofort heraus aus vielen Kinderkehlen.

Dass ich der Peter sei hatte der Pallottiner offensichtlich schon mitbekommen, als er uns vorher beim Fußballspielen beobachtet hatte. In dem Moment, als dieser dickbäuchige Mann in meine Richtung trabte, war es mir, als hätte mich ein scharf geschossener Freistoßball eines gegnerischen Spielers mitten im Gesicht getroffen.

„So, mein lieber Peter", sagte der Pater vorerst in einem noch halbwegs sanft wirkenden Befehlston: „Du kannst noch genug Fußballspielen in den nächsten Monaten. Jetzt zeigst du mir erst einmal, wo deine Eltern wohnen, damit ich mit ihnen sprechen kann."

Diesem Wunsch nicht nachzukommen war für mich unmöglich. Einem Priester oder einem Lehrer zu widersprechen hatte ich nie gelernt. So trottete ich mit dem Pater zu unserer Wohnung wie ein Kriegsgefangener, welcher gut bewacht ins Lager marschieren muss.

Mit einem unterwürfigen „Was verschafft mir die Ehre, Herr Pfarrer", begrüßte meine Mutter den Pallottiner. Bald danach saß dieser – Bohnenkaffee trinkend und ein Stück Nusskuchen nach dem anderen verzehrend – auf der Eckbank unserer Wohnküche, während ich vorm Haus spielen musste. Was er mit meiner zutiefst bigotten Mutter genau besprochen hatte, blieb

mir deshalb natürlich verborgen. Als ich eine Stunde später wieder in die Wohnung gerufen wurde, war mein Schicksal vorerst schon besiegelt. „Im Herbst kommst du zu den Pallottinern nach Salzburg, dann beginnt auch für dich der Ernst des Lebens", eröffnete mir meine Mutter in einem geradezu feierlichen Ton, nachdem ich die Küchentüre hinter mir geschlossen hatte. Da er mein Entsetzen bemerkt hatte, schilderte mir der Pater sehr ausführlich, wie wunderbar das Leben in einem Klosterinternat für junge Menschen sei.
Geglaubt hatte ich ihm kein Wort. Vor zwei Jahren kam nämlich schon einmal ein Schüler unserer Volksschule in ein derartiges Internat. Nur ein Jahr später kehrte dieser völlig verstört wieder zu uns zurück. Heute weiß ich sogar, dass ihm dieses schreckliche Jahr letztlich sein gesamtes Leben versaut hat. Jahrelang war er in ambulanter Behandlung, besonders während seines Präsenzdienstes beim österreichischen Bundesheer plagten ihn seine schrecklichen Internatserlebnisse wieder derart massiv, dass er eines Tages in die geschlossene Abteilung der Salzburger Nervenklinik überstellt werden musste.

Völlig verzweifelt war ich nach der erwähnten Entscheidung meiner Mutter trotzdem nicht, als ich danach wieder hinausgehen durfte vors Haus. Ich hatte glücklicherweise noch einen Pfeil im Köcher – meinen sozialistischen Vater.
Dass dieser bald nach Hause kommen würde, war mir klar. Ich sah ja, dass die Zeiger der weithin sichtbaren Kirchturmuhr schon jene späte Nachmittagsstunde anzeigten, in welcher er normalerweise seinen Arbeitsplatz verlassen konnte. Lange dauerte es nicht, bis er endlich zu sehen war auf der kleinen Straße, die zu unserem Wohnblock führte.

Ungeduldig stand ich vorm Haus als er schließlich mit einer Hand das Gartentor hinter sich schloss und mit der anderen zärtlich durch mein Haar fuhr.

„Was ist los Bua", fragte er, nachdem er meine merkwürdige Stimmung bemerkt hatte.

„Ein Pater sitzt in der Wohnung und redet mit der Mama", erklärte ich ihm aufgeregt.

„Was ist das Problem dabei", wollte der Vater gleich wissen.

„Der will mich im Herbst mitnehmen in ein Kloster", antwortete ich.

„Sicher nicht", sagte der Vater sofort derart entschlossen, dass ich wusste: ich bin gerettet.

Lange dauerte es dann nicht mehr, bis der Pallottiner schimpfend aus dem Haus kam.

„Diese Kommunisten und Sozialisten, zu denen leider auch dein Vater gehört, machen alles kaputt", rief er noch erzürnt in meine Richtung, als er schnellen Schrittes an mir vorbeiging in Richtung Hauptstraße.

Jetzt wissen Sie, sehr verehrter Leser, was vor sich ging an diesem dörflichen Frühlingstag im Jahr 1960, an dem ein Knabe endgültig zum kirchenfeindlichen Sozialisten wurde.

Nun erlaube ich mir noch, diesen Bericht mit einem kleinen Nachtrag zu ergänzen:

Dass für mich am Abend dieses denkwürdigen Tages, an dem die beleidigte Mutter kein Essen mehr zubereiten wollte und der erzürnte Vater sich ins Gasthaus geflüchtet hatte, wenigstens das letzte Stück des Nusskuchens, das der gierige Pater übrig gelassen hatte, noch greifbar war, wusste ich eigentlich erst ein Jahrzehnt danach richtig zu schätzen.

Damals lernte ich bei einer Veranstaltung der sozialistischen Jugend in Wien einen etwa gleichaltrigen Burschen aus dem Pinzgau kennen, welcher mir bei der Rückreise im Schnellzug folgendes erzählte:

„Auf dem langen Weg von der Schule zum Bauernhof meiner Eltern hatte ich mich eines Tages total auf die von der Mutter versprochenen und von mir so geliebten Buchteln mit Vanillesoße gefreut. Wahrscheinlich waren sie auch gut gelungen. Als ich endlich in die Küche meines Elternhauses kam, hatte sie aber ein leibhaftiger Kardinal, welchen es im Zuge einer Wanderung mit seinem Freund aus einer katholischen Studentenverbindung zufällig in unser entlegenes Bauernhaus verschlagen hatte, bereits zur Gänze verzehrt."

Nachdem mein Genosse einmal tief durchgeatmet hatte, weil ihn das seinerzeit Geschehene wohl immer noch sehr ärgerte, kam er zum Schluss dieser traurigen Geschichte, indem er sehr gekonnt die damalige Entschuldigung seiner gefühllosen Mutter nachäffte:

„Dem hochwürdigen Herrn Kardinal hat es sooo gut geschmeckt, für dich ist eh noch eine Frittatensuppe da."

Das war also jetzt noch ein kurzer Bericht über einen anderen Tag, an dem bei einem anderen Knaben die Saat gesät wurde für die spätere Hinwendung zu einem etwas kirchenfeindlichen Sozialismus.

Es führen zwar, wie es im Sprichwort heißt, alle Wege nach Rom. Ähnlich viele führen allerdings auch von dort weg.

Der Teddy-Bertl
Ein Bericht

Die Gemeinde, in welcher ich als Kind sieben Jahre lang lebte, liegt im hintersten Winkel eines engen Tales. Die schmale Bundesstraße, die an der Seite eines fischreichen Bächleins dem Talboden entlangmäandert, wandelt sich am östlichen Ortsende in eine damals noch ungeteerte Passstraße, welche im oberösterreichischen Salzkammergut endet.

Meine Eltern mieteten, als ich kaum drei Jahre alt war, im Zentrum dieses Kleinods eine geräumige Wohnung, die uns ein Verwandter vermitteln konnte, der als umtriebiger Gemeindesekretär und langjähriger Obmann der Blasmusikkapelle ein einflussreicher Mann in diesem Dorf gewesen war, das zwischen zwei Gebirgsketten liegt wie ein Vogelnest, das in eine Ackerfurche gefallen ist.

Von unserem Wohnzimmerfenster aus sah ich das Gendarmeriegebäude, das die staatliche Ordnung repräsentierte; durchs Kinderzimmerfenster blickte ich in den Hinterhof eines mürrischen kinderfeindlichen Kleinhäuslers, der mit Vorliebe Reisigbesen band, wenn er als Sägewerker gerade arbeitslos war.

Die auch hier von Generation zu Generation weitergegebenen konservativen Werte machten die meisten Eltern meiner Schulfreunde zu ausgesprochen strengen Erziehern. Ich selbst wurde von meinen Eltern zum Glück nicht sehr streng erzogen. In der

Schule und in anderen Familien wurde allerdings derart viel Wert auf Zucht und Ordnung gelegt, dass ich mich Jahre später plötzlich wieder in den Ort meiner Kindheit zurück versetzt fühlte, als nach einem sonntäglichen Festgottesdienst der Kameradschaftsbundobmann meines steirischen Urlaubsortes in seiner Rede vor dem Kriegerdenkmal wiederholt die Worte Zucht und Ordnung in einem Aufwaschen nannte. Offensichtlich hatte ich mir unbewusst angewöhnt, dieses Schlagwort eher mit einem Ort in Verbindung zu bringen als mit einer Ideologie.

Die meisten meiner ehemaligen Volksschulkameraden leben heute noch in ihrer Heimatgemeinde. Einige wohnen schon lange in der Bezirkshauptstadt, zwei andere – ebenso wie meine Wenigkeit – derzeit in der Landeshauptstadt, und einer seit mehreren Jahrzehnten sogar im fernen Südamerika.
Letzterem sind die Eltern bald weggestorben; dadurch lösten sich die Fesseln, die so oft den Marsch in die weite Welt verhindern, sehr früh. Nach vielen Jahren, in denen er diese als Handelsmatrose erobert hatte, wurde er in Chile sesshaft. Jenes kleine Restaurant, das er seither in einem Vorort von Valparaiso führt, ist anscheinend noch immer ein beliebter Treffpunkt der dortigen Künstlergilde.

Der einzige Volksschulkamerad, der nicht mehr unter uns weilt, ist der Bertl. Dieser Bub wuchs in einem kleinen, aus vier Höfen bestehenden Weiler auf, welcher einige Kilometer außerhalb des Ortszentrums in einem einschichtigen Seitental liegt, das im Winter monatelang von keinem einzigen Sonnenstrahl gewärmt wird.

Diese Gehöfte waren allesamt nicht sehr groß; das größte hatte neben einigen Hühnern und Ziegen gerade einmal sieben Kühe und ein paar Stück Jungvieh im Stall.
Bertls Eltern, die Erlhofbauernleute, hatten zwei Kühe weniger. Allerdings rannte bei ihnen mehr Kleinvieh umher als auf den Nachbarhöfen. Ich weiß beispielsweise heute noch, dass sie eine Zeit lang für ihre schmackhaften Kaninchen weitum bekannt waren. Das nützte ihnen allerdings nicht auf Dauer, da irgendwann das Kaninchenessen plötzlich nicht mehr populär, ja geradezu verpönt war. Kurzfristig versuchten sie deshalb eine Verbesserung ihrer finanziellen Situation sogar mittels einer Chinchillazucht, die ihnen ein modern denkender Landwirtschaftskammerfunktionär eingeredet hatte. Als sich die Preise in diesem Sektor der Pelztierzucht nach einigen heftigen Schwankungen schließlich auf einem bescheidenen Niveau einpendelten, endete auch dieses Experiment mit einem finanziellen Debakel. So war es nur allzu verständlich, dass zum üblichen Zeitpunkt die katholische Kirche die Ausbildung des intelligenten Volksschülers Bertl in die Hand nahm, um ihn letzten Endes in den Priesterberuf hineinzwingen zu können.
Ab jenem Tag, an dem er deshalb bereits als Elfjähriger das bischöfliche Gymnasium in Salzburg besuchen musste, sah ich ihn nur noch während der großen kirchlichen Feiertage im Dorf. An den meisten Wochenenden musste er nämlich im Internat des Benediktinerstiftes St. Peter bleiben. „Dort wird er zwar nicht ganz so streng wie ein Häftling behandelt werden, aber doch um einiges strenger als die Kellnerlehrbuben des angrenzenden Stiftskellers", sagte mein Vater einmal, als wir eines Tages beim Forellenfischen zufällig auf den Bertl und dieses kleine kirchliche Schülerheim zu sprechen kamen.

Auch in den Ferien sah ich den ehemaligen Volksschulkameraden selten, einerseits wurde er für gewisse Arbeiten auf dem elterlichen Hof benötigt, andererseits war den zukünftigen Priestern das Baden in den Seen, Schwimmbädern und Flüssen ihrer Heimatorte generell verboten.

Als ich ihn eines Tages fragte, weshalb es dieses Verbot überhaupt gibt, erzählte er mir, dass es der Direktor des bischöflichen Gymnasiums mit dem Argument begründete: „Ihr wollt doch auch nicht, dass jene Menschen, denen ihr in etlichen Jahren als Priester begegnen werdet, einmal sagen könnten, dass sie euch seinerzeit schon halb nackt gesehen hätten".

Den Mädchen in unserer Ortschaft hätte es sicher gefallen, wenn unser junger Studiosus an heißen Sommertagen hin und wieder mit uns im Fluss gebadet hätte, da er ein ausgesprochen hübscher, drahtiger Bursche war; vor allem die frühreifen Mädchen hätten wahrscheinlich gerne getestet, ob sie dem Erlbauernbuam nicht die Lust auf den Priesterberuf wegvögeln könnten.

Einige Jahre später, als er schon an der theologischen Fakultät der Salzburger Universität studierte, gelang dieses Vorhaben sehr wohl einem weiblichen Wesen. Dieses hieß Gerhild und studierte an derselben Uni Soziologie und Psychologie. Ihr Vater leitete eine Hauptschule in Ried, man kann also durchaus sagen, dass sie ein Mädchen aus besserem Haus war – und zudem ein durchaus hübsches, großgewachsenes, mit dunkelbraunen Augen und langem, meist offen getragenem schwarzen Haar.

Der Bertl traf sie erstmals bei einer Veranstaltung der katholischen Hochschülerschaft, in welcher über ein bemerkenswertes Buch mit dem Titel Psychologie des Geldes diskutiert wurde.

Es hatte, wie man landläufig sagt, zwischen den beiden jungen Menschen sofort gefunkt, obwohl Gerhild damals noch bei einer marxistischen Studentengruppe mitarbeitete. Wenn die Liebe kommt, muss die Ideologie halt meistens weichen.
In diesem Fall konnte die marxistische Ideologie – ebenso wie in vielen ähnlich gelagerten Fällen – das Gedankengebäude der jungen Dame ohne Wehmut wieder verlassen, weil sie im Grunde genommen nur die Funktion hatte, dem spätpubertären Protest gegen das faschistische, kleinbürgerliche Pädagogenelternhaus ein Gerüst zu geben.

Bewusst wurde das ihrem Adonis aus dem Gebirge erst, als er Gerhild nach dem Abbruch seines Theologiestudiums bereits geheiratet hatte, da sie nach der Geburt des gemeinsamen Kindes immer spießbürgerlicher und faschistoider wurde, während er sich immer mehr für sozialistische oder gar kommunistische Ideen begeisterte. Wahrscheinlich waren die Erinnerungen an sein Aufwachsen in einfachen Verhältnissen nicht unbedeutend für diese Entwicklung. Manchmal haben anscheinend doch die Marxisten recht mit ihrer Behauptung, dass das Sein das Bewusstsein bestimmt. Es ist allerdings auch gut möglich, dass jener österreichische Autor richtig liegt, der glaubt, dass heutzutage meistens der Schein das Bewusstsein bestimmt.
Das vom ideologischen Auseinanderdriften geprägte Eheleben wurde im Lauf der Jahre immer mehr zur Hölle auf Erden. In dieser verwandelte sich schließlich das einst so aufgeweckte fröhliche Kind immer mehr in ein trauriges, kränkelndes Wesen, während seine Eltern vermehrt im jeweiligen Beruf nach Befriedigung strebten.

Die Gerhild übte diesen nach ihrer Promotion als Kommunikationstrainerin aus, der Bertl war seit dem Abbruch seines Studiums als engagierter Sozialarbeiter in einem Heim für behinderte Menschen tätig.

Dem Kind zuliebe ertrug mein Schulfreund vorerst viele Demütigungen durch seine immer dominanter gewordene Gemahlin. Als sich die Selbsteinschätzung seiner Frau nach vielen esoterischen Kursen und einigen beruflichen Erfolgserlebnissen zu einer ausgeprägten Selbstverherrlichung gesteigert hatte; als seine Sätze sie nicht mehr berührten und ihre Sätze ihn nur mehr erzürnten, war schlussendlich eine Scheidung unvermeidlich geworden.

Die Tochter blieb danach bei der Mutter in der Landeshauptstadt, der Bertl übersiedelte aus finanziellen Gründen in eine nahe gelegene, mittelalterlich geprägte Kleinstadt.

Vorerst war der frisch Geschiedene überzeugt, dass er mit diesem Wohnortwechsel das Richtige gemacht hatte. Sein Arbeitsplatz im Behindertenheim war mit dem Zug gut erreichbar. Die im Stadtzentrum gelegene Wohnung war äußerst reizvoll, durch den mächtigen Kachelofen und die alten Holztramdecken strahlte sie den Charme von weniger hektischen Jahrhunderten aus. Eine Höhle, in der ein besinnlicher Mensch seine Einsamkeit genießen konnte.
Die umliegenden Gasthäuser oder Pubs frequentierte Bertl kaum; hin und wieder besuchte er ein nahe gelegenes Kaffeehaus. Obwohl die Kellnerin dort alles über ihn erfahren wollte, erzählte er ihr nahezu nichts. Da er sein Leben vor den Augen der Klein-

städter nicht ausbreitete wie ein auf der Wiese zum Trocknen ausgelegtes Tuch, mehrten sich bald die ihn betreffenden Gerüchte. Einige Mitbürger vermuteten, dass er ein ehemaliger Häftling sei, der hier ein neues, weitgehend anonymes Leben beginnen wolle, andere wiederum glaubten, dass er für einen südöstlichen Geheimdienst tätig sein könnte, weil er gleich nach der Übersiedlung in ihr Städtchen mehrmals einen älteren Herrn empfangen hatte, den die Kleinstädter aufgrund seiner etwas dunkleren Hautfarbe und seines roten, fünfzackigen Sterns auf der Mütze, gleich als vermutlich gefährlichen Aktivisten aus dem Balkan abstempelten.

Außerdem hielt eine Nachbarin durch das Guckloch ihrer Wohnungstür vergeblich Ausschau nach Frauenbekanntschaften ihres neuen Hausbewohners. Deshalb war sie sehr bald davon überzeugt, dass nun ein Schwuler in ihrer unmittelbaren Nähe lebte. Die Gutmütigen wiederum schätzten ihn generell als harmlosen Eigenbrötler ein und waren deshalb der Meinung, dass man den Kerl einfach in Ruhe lassen sollte.

Regelmäßig besuchte er seine Tochter in der Landeshauptstadt. In seine Kleinstadtwohnung durfte er sie nicht mitnehmen, die Kindesmutter wollte das justament nicht.

Das Kind hing allerdings sehr an ihm, es fieberte den Besuchen des Vaters richtiggehend entgegen.

Als der achte Geburtstag des Mädchens bevorstand, träumte er – ebenso wie dieses – von einem schönen Fest für die einst so glückliche kleine Familie. Deshalb lud er das Kind und seine geschiedene Frau zu einem gemeinsamen, liebevoll ausgewählten Festessen in seinen nunmehrigen Wohnort ein. Vorerst nahm diese die Einladung an. Aber während der Bertl im sorgfältig ausgewählten Lokal schon auf seine zwei Gäste wartete, sagte sie mittels Handyanruf einfach ab.

„Ich habe das Gefühl, dass das Kind gerade krank wird", wiederholte sie mehrmals, bevor sie das Gespräch abrupt beendete.

Jetzt blickte der Bertl noch um einiges trauriger aus dem Gaststubenfenster als der neben ihm sitzende riesengroße Teddybär, den er als Geburtstagsgeschenk für seine Tochter mitgebracht hatte. „Wenn das so ist", sagte er in dieser beschissenen Situation zu sich selber, „dann sauf ich jetzt ein Bockbier und einen Marillenschnaps."

„Wenn einer schon mit einem Teddybären unterwegs ist, dann passt ein Affe auch noch dazu", dachte er sich, bevor er die gleichen Getränke noch einmal bestellte. Seine plötzlich erwachte Liebe zum Alkohol irritierte die gutmütige ältere Kellnerin gehörig, sie dachte bisher ja, dass er ein Antialkoholiker wäre. Weil er einige Zeit später noch einen weiteren Schnaps orderte, fragte sie ihn schließlich sehr direkt, ob er Sorgen habe, über die er mit ihr reden wolle.

„Bei mir passt alles", antwortete er, während er traurig zur Tür blickte, um ihr beim Lügen nicht ins Gesicht schauen zu müssen.

Nach dem Verlassen dieses Gasthauses zog er das erste Mal seit er in diesem Städtchen sesshaft geworden war, durch die Bars und Pubs des Zentrums. Beim Gehen durch die gepflasterten, meist sehr engen Gassen, trug er den fast kindsgroßen Teddy auf den Schultern. In den Gaststätten setzte er ihn neben sich.

Im vorletzten Lokal bestellte er gleich zwei Bier auf einmal.

„Eines für mich und eines für meinen neuen Freund", sagte er bestimmt, während er mit dem Zeigefinger das Stofftier anstupste. Im letzten Beisl, in welchem er zeitweise schon wie ein angeschlagener Boxer an der Ecktischvertäfelung lehnte, war er schon so besoffen, dass er mit dem Teddybären ausführliche Gespräche über die Widersprüche des kapitalistischen Wirtschaftssystems und die Lage der Kleinbauern in Nordspanien führte.

Daraufhin wussten viele Kleinstädter natürlich ganz genau, wie sie den Zugezogenen einzuordnen hätten.
„Einen Vogel hat er", sagte der eine, „in die Klapsmühle gehört er", meinte ein anderer.
„Müssen wir warten bis etwas passiert?" fragte sich schließlich die Schreibwarenhändlerin.
Wie ein Lauffeuer verbreitete sich in der ganzen Stadt die Nachricht, dass der ungewöhnliche Fremde sicher nicht ganz dicht sei. Selbst die Volkschulkinder stimmten in den Grundton der Erwachsenen ein; als er zwei Tage nach seiner sagenhaften Zechtour mit dem Teddybären zum Bahnhof ging, um ihn endlich seinem Kind zu schenken, riefen ihm spontan einige besonders freche Schulkinder hinterher: „Teddybertl, Teddybertl, kauf uns ein Schaukelpferdl."

Mein Kamerad aus fernen Kindheitstagen konnte diese massive Verachtung, mit der ihn die meisten seiner Kleinstadtmitbürger straften, nach etlichen Wochen kaum mehr verkraften; manchmal drückte sie genauso auf seine Seele wie ein Schneebrett auf einen Verschütteten.

Wenn er das Wort Teddybär hörte, flippte er fast jedes Mal völlig aus; immer öfter betrank er sich nahezu bis zur Bewusstlosigkeit. In solch einem elenden Zustand warf er in einer halbwegs lauen Aprilnacht zwei Pflastersteine in die Auslage des Spielzeuggeschäftes Rödl – zuvor hatte ihm nämlich ein durchtriebener Spötter erzählt, dass dort ein großer, dicker Teddybär im Schaufenster sitzt.
Nach dieser Aktion landete er dort, wo ihn seine Mitbürger schon längst sehen wollten: in einer Nervenklinik der Landeshauptstadt.
Als er nach einer Woche, in der er mehr Medikamente geschluckt hatte als ihm in seinem ganzen Leben vorher verordnet worden waren, wieder entlassen wurde, hatte er begriffen, dass er jetzt ein neues Leben beginnen müsse.

Deshalb verließ er schleunigst die Kleinstadt und bezog in der Folge eine frei gewordene Garconniere für Betreuungspersonen an seinem Arbeitsplatz in der Landeshauptstadt. Hier fand auch seine Seele wieder eine Heimat; die Bewohner des Behindertenheimes, die ihn auch während seiner Krisenzeiten immer gemocht hatten, wurden jetzt zu seiner Familie. Fast.
Alkohol rührte er keinen mehr an; um seine Tochter kümmerte er sich noch intensiver als bisher.
In der Freizeit wanderte er in den folgenden Jahren gerne in die Osterhorngruppe, manchmal ging er auch ins Tennengebirge, weil er das Klettern, für das ihn seinerzeit ein aus Tirol stammender Kommilitone begeistern konnte, wieder für sich entdeckt hatte.

Diese Begeisterung für die Welt der Berge wurde ihm schlussendlich eines Tages leider zum Verhängnis. Ausgerechnet bei einer Klettertour in seinem Lieblingsgebirge, dem Toten Gebirge, fiel er aus der Wand.

Einige Tage später wurde er in jener Landeshauptstadt beerdigt, die ihm außerhalb des Behindertenheimes immer fremd geblieben war.

Sein Kind war, als das Leben seines Vaters nach zweiundvierzig Jahren so plötzlich endete, schon fast vierzehn Jahre alt. Bei der Beerdigung hatte es bereits einen liebevollen jungen Tröster dabei.

„Wenigstens das", sagte meine Linzer Freundin, als ich ihr diese traurige Geschichte kürzlich erzählte.

Sepp

In den späten achtziger Jahren des zwanzigsten Jahrhunderts kam ich mit dem Fahrrad in ein entlegenes, weitgehend unbekanntes Gebirgstal. Bevor es die ersten Sommerfrischler entdeckten, steuerten es höchstens ausgesprochene Käseliebhaber an, die auf der Suche nach dem ganz Besonderen waren. Auf einem Hochplateau, das einige hundert Meter über dem Talboden liegt, erzeugen nämlich mehrere Bauern einen sehr speziellen, mit dem Sud von Tannennadeln bestrichenen Hartkäse, der sogar in einigen Wiener Nobelrestaurants kredenzt wird. Außer dieser Delikatesse hat das Tal nichts anzubieten, das von überregionaler Bedeutung wäre. Wenn ich in dieser spärlich besiedelten Gegend damals nicht wahrlich Sonderbares erfahren hätte über die Urlaubspläne des ehemaligen Bauern- und Holzknechts Sepp, würde ich mich heute kaum noch an dieses Tal erinnern. Eine Person, die man landläufig als typischen Urlauber bezeichnet, wurde dieser weltfremde Kauz allerdings nie. Sie werden beim Lesen des folgenden Berichtes gleich bemerken, weshalb dies der Fall war:

Wenn ihm jemand erzählte, dass demnächst wieder ein halbwegs wohlhabender Bewohner des Dorfes in eine berühmte Stadt oder in ein bekanntes Sommerfrischlerparadies reisen wird, sagte er jedesmal reflexartig „Ich hab im Krieg genug gesehen von der Welt, mich zieht nichts mehr weg von hier."

Von dieser Sichtweise wich der Sepp mindestens vier Jahrzehnte lang keinen einzigen Millimeter ab. Da er generell ein auf die

engere Heimat fixierter sturer Hund war und als solcher das genaue Gegenteil eines Weltbürgers verkörperte, wunderte sich natürlich niemand im Dorf, dass dieser auch im Alter noch durchaus robuste Kerl, der schon in der Nachkriegszeit nur selten eine überregionale Zeitung las und zudem ein eher sporadischer Radiohörer war, später auch fürs Fernsehen kein Interesse zeigte. Irgendwann in den letzten sechziger Jahren des vorigen Jahrhunderts verschenkte er sogar sein altes Minerva-Röhrenradio an die relativ arme, aber kinderreiche Wegmacherfamilie, weil ihn unter anderem die tagtäglich gesendeten Berichte vom wirklich grausigen Vietnamkrieg abwechselnd traurig und wütend machten.
„Von dieser ganzen komischen Welt möchte ich überhaupt nichts mehr hören und sehen" brummte er deshalb beim sonntäglichen Frühschoppen im Postwirtstüberl jedes Mal in seinen Bart hinein, wenn ein anderer Gast etwas Weltpolitisches diskutieren wollte.

Eines der heute längst schon erwachsenen Wegmacherkinder erzählte übrigens Jahre später einmal einer Nachbarin, dass es sich noch gut daran erinnern kann, wie der Sepp ihrer Mutter das Radiogerät seinerzeit an einem Fronleichnamstag in die Hand gedrückt hatte mit dem grantig gesprochenen Satz „Mi nervt der Minerva."

Als er kein Radiogerät mehr besaß registrierte der Sepp ausschließlich das Dorfgeschehen, offenbar war ihm dies ereignisreich genug.
Im Lauf der Jahre interessierte ihn selbst dieses immer weniger. Deshalb verbrachte er schließlich, nachdem er im Jahr 1969 als einer der letzten Knechte eines großen Milchbauern zu einem

reichen Waldbauern wechselte, beinahe jeden freien Tag in der abgelegenen Holzknechthütte seines Arbeitgebers.
So besuchte er sogar den von ihm früher sehr geschätzten, aber inzwischen zu Tode renovierten Postwirt nur mehr an den wichtigsten kirchlichen Feiertagen.

Nachdem er, als ewiger Junggeselle, bei diesen Gasthauszusammenkünften immer öfter von den einheimischen Männern gehänselt und von deren Frauen bemitleidet worden war, stellte der damals durchaus noch ansehnliche Kerl, dessen Haut von der Sonne im Laufe seines langen Arbeitslebens übermäßig stark gegerbt worden war, selbst diese ohnehin rar gewordenen Postwirtbesuche eines Tages gänzlich ein.
Mir wurde diesbezüglich berichtet, dass er im März 1985, als er in die Rente gehen durfte, zum letzten Mal dort eingekehrt war.

Es tat ihm wahrscheinlich gut, dass er sich von diesem Zeitpunkt an solche Blödheiten wie „Als Waldschrat wirst du nie eine Frau finden", oder „Wenn du weiterhin fast wie ein Einsiedler lebst, wirst du bald dein fünfzigjähriges Wixerjubiläum feiern können", nicht mehr anhören musste.

Da dieser stets gerne arbeitende Bauernknecht immer sehr bescheiden und deshalb auch sehr gesund gelebt hatte, fühlte er sich, nachdem er als Waldbauernknecht in die Rente geschickt worden war, noch kräftig genug für eine seinem Alter angemessene Arbeit.
Deshalb war er sehr zufrieden, dass ihn sein ehemaliger Milchbauer – ohne lange zu überlegen – schon während der Sommermonate 1985 als Senner auf der Hochsteinalm beschäftigte.

Dafür wollte der Sepp aber nicht mit Münzen und Scheinen entlohnt werden, sondern mit der per Handschlag fixierten Zusicherung, dass er, solange er noch rüstig ist und keine fremde Hilfe benötigt, den Winter über in einem etwas abseitig gelegenen, leer stehenden Austraghäusl des Bauern wohnen darf. Diese Abmachung ersparte ihm immerhin die Übersiedlung ins Altersheim des Nachbarortes, das er viel mehr fürchtete als die Pest.

Da ein Handschlag in diesem Gebirgstal zumindest in jenen Jahren noch genauso wertvoll war wie ein beim Rechtsanwalt abgeschlossener Vertrag, wurde das Vereinbarte auch stets eingehalten.

Wenigstens in den ersten Jahren als Hochsteinalmsenner fühlte sich der Sepp noch so kräftig und gesund, dass er sich vorstellen konnte, auch während der Wintermonate irgendwo einige Wochen lang zu arbeiten.
Deshalb hörte er besonders konzentriert zu, als er eines Tages beim monatlichen Einkauf in der dörflichen Krämerei hinter zwei Frauen stand, welche im Zuge ihres langen Gesprächs auch einen Pensionisten erwähnten, der im Vorjahr ab Allerheiligen in der Türkei Urlaub gemacht und es im Nachhinein absolut nicht bereut hatte.
„Im Spätherbst und im Winter hätte auch ich Zeit fürs Urlaub machen", sinnierte der von den Errungenschaften der neuen Zeit vollends ahnungslose Sepp beim Heimweg in sein bescheidenes Quartier, das, gut versteckt, etwa eine Gehstunde vom Ortskern entfernt hinter einem bewaldeten Hügel in einer kleinen Talsenke lag.

Dass er eine vermeintlich leichte Arbeit wie dieses Urlaub machen schaffen würde, war ihm als ehemaligem Bauern- und Holzknecht, zu dessen Aufgaben auch das Laub machen gehört hatte, sofort klar.

Allerdings wusste er nicht genau, was ein Urlaub ist; er nahm an, dass es sich dabei um eine alte Laubsorte handelt, welche vielleicht als Füllstoff für Sitzpolster oder gar als Isoliermaterial für Hauswände benötigt wird. Dass dieses ihm noch unbekannte Urlaub mit dem ihm sehr wohl bekannten Buchenlaub verwandt sein würde, war für den Sepp nicht unwahrscheinlich. Im Gespräch der beiden Krämerkundinnen war ja mehrmals das Wort Buchen gefallen war.

Jedenfalls war er sich relativ sicher, dass es sich, sofern es nicht künstlich hergestellt werden würde wie die Kunstblumen, von den ihm bekannten Laubarten nicht wesentlich unterscheiden würde.

Vor kurzem hatte er nämlich – als er wegen der Beerdigung eines alten Schulfreundes in die Stadt mitfahren musste – in einem merkwürdigen Geschäft, in welchem auch solch komische Sachen wie Tofu-Bällchen und tibetische Klangschalen im Angebot waren, aus purer Neugierde ein Päckchen Ursalz gekauft. Als er dieses zum ersten Mal kostete, fiel ihm gleich auf, dass es eigentlich auch nicht anders schmeckt als das ihm bekannte Ischler Salz.

Nachdenklich machte ihn, als er sich die ganze Sache an einem halbwegs lauen Septemberabend auf dem Hausbankl noch einmal durch den Kopf gehen ließ, eher die moderne Anlage, von der die beiden Frauen beim Krämer gesprochen hatten. Etwas

beunruhigt war er vorerst auch, weil außerdem davon die Rede war, dass im Urlaub schon einmal einer seine Frau verloren hatte und manches Pärchen, das glücklich aufgebrochen war um gemeinsam Urlaub zu machen, einige Wochen später völlig zerstritten wieder nach Hause gekommen war.
Dass gerade das zuletzt erwähnte für ihn absolut kein Thema ist, wurde dem Sepp glücklicherweise noch klar, bevor er wieder ins Austraghaus zurückkehrte. „Das betrifft doch einen Ledigen wie mich gar nicht", sagte er erleichtert zu sich selber, als er sich gerade eine gut gekühlte Flasche Bier aus dem alten Brunntrog fischte.

Auch das Faktum, dass der noch studierende Sohn des Krämers einmal erwähnt hatte, dass der berühmte Dichter Artmann einst meinte, dass das Urlaub machen nur etwas für Leute wäre die einen Chef haben, irritierte den Sepp nicht, denn schließlich hat ja ein Senner einen Chef.

Letzten Endes überwog für ihn das Positive, als er sich noch einmal durch den Kopf gehen ließ, was die beiden Frauen zum Thema Urlaub machen gesagt hatten zwischen all den Lebensmitteln, Stoffen, Häferln und Kreuzworträtselheften im Krämerladen.
Positiv fand er, dass er ihren Äußerungen entnehmen konnte, dass alle Anlagen recht gepflegt sind und der Preis für die Hin- und Rückreise nicht extra berechnet wird.

Am Schluss des Gesprächs der beiden Krämerkundinnen war noch davon die Rede, dass sich die Pauschalangebote für vier

Wochen im Winter zwischen rund 24.000 und 30.000 Schilling bewegen würden.

Ein paar Wochen lang dachte der Sepp in seinem Austraghäusl trotzdem noch über das Ganze nach.

Vor allem die Tatsache, dass er seinen vor Jahrzehnten schon gefassten Entschluss „Mich zieht nichts mehr weg von hier", nun plötzlich über den Haufen schmeißen sollte, passte ihm gar nicht. Er wollte doch niemals wortbrüchig werden.

Schließlich überwog auch bei einem letzten umfangreichen Abwägen das Für das Wider und so fuhr er an einem kühlen Oktobertag zu einem von den beiden Krämerkundinnen erwähnten und als Reisebüro bezeichneten Geschäft in die zirka dreißig Kilometer entfernte Bezirksstadt, um sich als Urlauber zu bewerben.

„Vier Wochen Türkei ab zwanzigsten November macht 24.000 Schilling, in etwa dasselbe gibt's auch in Südportugal und in Spanien, wobei der Betrag in Portugal um etwa 1.000 und in Spanien um etwa 3.000 Schilling höher ist", erklärte ihm die hinter einem Pult stehende gestresste Angestellte sehr schnell und beinahe unfreundlich.

„Dann will ich in eine spanische Anlage", sagte der Sepp sofort. Anschließend erkundigte er sich noch, ob wöchentlich bezahlt wird oder erst am jeweiligen Monatsende.

„Sie müssen spätestens zwei Wochen bevor Sie wegfliegen den ganzen Betrag bezahlt haben", lautete die ihn völlig irritierende Antwort.

„Was?", fauchte der Sepp nun sein Gegenüber an, „Du bist ja völlig verrückt! Ich soll Urlaub in Spanien machen, ich soll arbeiten und dafür auch noch bezahlen. Ihr seid ja Ausbeuter, ihr seht mich nie wieder hier!", schrie er schließlich noch zu den anderen Bürodamen hinüber, bevor er vorm Hinausgehen mit seiner Faust derart heftig auf die schräg vor ihm platzierte Kassa drosch, dass diese nicht mehr aufhörte, ganz merkwürdige Geräusche zu produzieren.

Während der Heimfahrt im Postautobus murmelte er so lange den Satz „Jetzt zieht mich endgültig nichts mehr weg von daheim", immer wieder in seinen zuvor noch ausgiebig im Bierschaum getränkten Bart, bis ihn sein Sitznachbar bat, endlich Ruhe zu geben.
„Irgendetwas hat dem Sepp, dem Spinner, heute nicht gepasst, als er mit mir nach Hause fuhr", erzählte deshalb der Buschauffeur noch am selben Abend den Stammgästen im Postwirt.
Mit der zynischen Bemerkung „Ich möchte wissen, was dem überhaupt passt", warf sich sofort die alte Kellnerin in die diesbezüglich aufkeimende Debatte, ehe der Raika-Direktor diese schnell wieder beendete, indem er sehr bestimmt sein Lieblingsthema, die Golfplatzplanung, in die kleine Runde warf.

Als über diese beim Postwirt nun heftig diskutiert wurde, saß der Sepp schon längst wieder in seinem einschichtigen Austraghäusl. Die Kälte, die an vielen Herbstabenden durch das hochgelegene Tal zieht, zwang ihn dazu, den kleinen gusseisernen Ofen einzuheizen.
Da zudem der Nebel tief in der Talsohle hing und den Mond abschirmte, den der eigenartige Kerl so sehr liebte, legte er sich bald einmal ins Bett.

„Ich hätte mir nicht gedacht, dass die Menschen derart beschissen werden, wenn sie Urlaub machen wollen", wird er wohl noch sinniert haben, bevor er sich die Bettdecke bis zum Hals hochzog und allmählich in einen tiefen Schlaf versank.

Einige Wochen später fielen bereits die ersten Schneeflocken vom Himmel. In den darauffolgenden Monaten verließ der Sepp das Austraghäusl nur, wenn er zum Einkaufen ins Dorf stapfen musste.

Im April des folgenden Jahres war endlich der letzte Schnee geschmolzen. Das erste Grün auf den Talwiesen entfachte beim Sepp im Nu die Vorfreude auf die arbeitsreichen, für ihn aber trotzdem erholsamen Sommermonate auf der Hochsteinalm.

Einige Tage vor dem Almauftrieb strich er gerade die äußeren Holzrahmen der Austraghäuslfenster, als ein paar der seltenen Sommerfrischler, die es in diese Talsohle verschlagen hatte, vor seinem kleinen Haus stehen blieben. Eine Frau aus dieser hörbar norddeutschen Wandergruppe bestaunte seine einsame Behausung ausgesprochen entzückt, bevor sie den Sepp völlig irritierte mit dem Ausruf „Schön haben Sie es hier. Da möchte ich gerne einmal Urlaub machen!"

Ein glutheißer Sommer erhitzte und ein eiskalter Winter kühlte das Land noch einmal, ehe der Sepp eines Tages im Gespräch mit seinem erstmals aus Wien angereisten Neffen, seinen gordischen Sprachknoten lösen konnte:
„Ah, so ist das", rief er schließlich aus „das habe ich alter, hinterwäldlerischer Wurzelsepp ja überhaupt nicht wissen können, dass die Sommerfrischler auf einmal Urlauber heißen!"

A blede G'schicht

Meine chronischen körperlichen Wehwehchen allein könnten mich nie in den Selbstmord treiben. Der Rheumaschmerz, die Kreuzschmerzen und der Reflux sind zwar beschwerlich, aber irgendwann habe ich mich so an diese Leiden gewöhnt, dass ich sie an manchen Tagen gar nicht mehr wahrnehme. Da macht mir meine derzeitige Arbeitslosendepression schon erheblich mehr zu schaffen; allerdings ist diese noch relativ harmlos, wenn ich sie mit der Verzweiflung vergleiche, in die mich meine tägliche Zeitungslektüre und das übliche Stammtischgeschwafel treiben. Wie soll man sich denn die Lust am Leben erhalten, wenn man immer wieder hört, dass der Landesrat für den Wohn- und Straßenbau ein Trottel, der Bürgermeister ein falscher Hund, der Oppositionschef ein ausgewachsener Affe und die alte Schuldirektorin eine Furie ist.
Wenn die Verzweiflung zu groß geworden ist, kann schon eine Kleinigkeit das Fass derart zum Überlaufen bringen, dass der Selbstmordgedanke nicht mehr aus meinem Kopf zu bekommen ist.

An einem außergewöhnlich heißen Julitag des Jahres 2007 war es bei mir erstmals so weit.
Auch wenn Sie mich jetzt für einen Idioten halten, kann ich Ihnen heute nicht mehr sagen, welche Nichtigkeit bei mir damals ausschlaggebend gewesen war. Ich habe es einfach vergessen oder verdrängt. Möglicherweise war es nur ein dummes Statement des Verteidigungsministers zum Thema Zivildiener, das ich gerade in

jener Minute aufschnappte, in der mich ein pralles Furunkel an der rechten Arschbacke ganz besonders nervte.

Daran, dass ich mir an jenem Julitag knapp vor Geschäftsschluss einen Strick gekauft habe, kann ich mich aber ebenso genau erinnern wie daran, dass ich danach noch einen passenden Haken in den Plafond meines Wohnzimmers geschlagen habe, bevor ich zum Kirchenwirt gegangen bin. Ich erinnere mich auch, dass ich, ehe ich dieses Gasthaus betrat, sinnierte: „Man muss ja beim Sterben nicht so hudeln; wenn ich mich morgen oder übermorgen aufhänge wird es wahrscheinlich auch noch früh genug sein."

Am nächsten Morgen wachte ich, obwohl ich am Abend zuvor erst spät ins Bett gegangen war, sehr früh auf. Der Himmel war trüb, erste Regentropfen klopften an mein Fenster und die Stimme des unsympathischen Oppositionsführers dröhnte aus dem Radiogerät.

„Heute ist endgültig Schluss! Heute ist der perfekte Tag für meinen Abtritt", dachte ich schon bald nach dem Aufwachen. Beinahe so behände wie ein jugendlicher Springinsfeld stieg ich deshalb hurtig aus dem Bett, obwohl ich, wie gesagt, nur wenige Stunden gepennt hatte und deshalb gar nicht ausgeschlafen war. Letzteres hätte ich jetzt wohl eher nicht erwähnen müssen, weil ein Selbstmörder bekanntlich durchaus müde sein darf.

Als ich endlich den Strick in den Händen hielt, den ich am Vortag noch so sorgfältig in den Schrank gehängt hatte wie eine teure Krawatte, zitterten diese von Minute zu Minute heftiger. Ein intensives Angstgefühl durchströmte mich von Kopf bis Fuß; mit letzter Kraft flüchtete ich mich wieder ins wohlig warme Bett.

Sehr schnell wurde mir in den folgenden Minuten bewusst, dass mir der Mut, den man braucht wenn's drauf ankommt, absolut fehlt.

Kurz vor Mittag ist mir endgültig klar geworden, dass ein derartiger Feigling wie ich in dieser Situation einen Auftragsmörder nötiger hat wie ein Hungernder einen Bissen Brot.
Am Nachmittag fuhr ich deshalb mit dem Regionalzug in die nächstgelegene Stadt S.
Ich war mir absolut sicher, dass ich in den dortigen Halbwelt- oder Unterweltbeiseln einen geeigneten Mann finden würde.
Die Lokalszene in S. kannte ich ja ganz gut. Vor einigen Jahren hatte ich in dieser weltberühmten Kommune meinen Freund Dietrich Geiger etliche Wochen lang in seinem Job als Rosenkavalier vertreten; dabei musste ich an jedem Abend zirka dreißig Gaststätten – vom Nobelrestaurant bis zum einfachen Hurenbeisl – abklappern.
Da der Juli schon die Monatsmitte überschritten hatte, waren die finanziellen Ressourcen, welche mir zur Bezahlung meines Killers zur Verfügung standen, eher begrenzt. Mit Mühe kratze ich etwas mehr als 200 Euro zusammen. Für meine Konsumation brauchte ich nicht viel Geld reservieren; ich hatte mir nämlich vorgenommen halbwegs nüchtern zu bleiben, weil der Körper eines Be-soffenen meistens so sehr wackelt, dass er nur schwer punktgenau zu treffen ist. Deshalb waren bekanntlich seinerzeit bei den Kriegsheimkehrern die Säufer überproportional stark vertreten. Beinahe die halbe Nachkriegsgeneration wurde von Säufern gezeugt, welche in ihren Nachkriegsdilirien die Kinder verprügelten bis ihnen die 68er Generation endlich einen frischen Wind ins Hirn blies und das Maul stopfte.

Etwa um sechzehn Uhr kam ich mit dem Zug in S. an. Mir war klar, dass ich mir auf Grund meiner finanziellen Situation einen Billigmörder suchen musste. So einen findet man natürlich in einem heruntergekommenen zwielichtigen Beisl am Stadtrand eher als in einschlägigen zentrumsnahen Lokalen. In diesen verkehren ja hauptsächlich gut ausgebildete und dementsprechend teure Spezialisten, eventuell sogar Spione und Agenten. Deshalb kamen für mein Vorhaben vor allem vier Tschecherl in Frage: Der Weiße Kater, das Espressso Frühschicht, die Almbar und das Amselstüberl. Da ich nicht damit rechnen konnte, dass auch nur eines der genannten Lokale vor neunzehn Uhr öffnen würde, ging ich vorerst ins Kino. Weil mir die lang ersehnte Vaterrolle nur kurzzeitig gegönnt war, liebte ich in erster Linie Kinderfilme. An diesem Nachmittag sah ich einen dänischen, der erfreulicherweise weniger traurig war als ich. Anschließend spazierte ich langsam zum Weißen Kater. Leider stand ich dort vor verschlossenen Türen, offenbar öffnet dieses Lokal seine Pforten Tag für Tag erst um zwanzig Uhr. Im Espresso Frühschicht war die Situation die nämliche. Die Almbar hatte zwar geöffnet, sie war aber an diesem Abend für mein Vorhaben untauglich; es ging dort – wie ich in so einem Fall zu sagen pflege – ordentlich rund. Ich fand kaum einen geeigneten freien Platz, deshalb verließ ich das Lokal wieder, nachdem ich mein an der Bar getrunkenes Seidl Bier bezahlt hatte. Anscheinend feierte in dieser von mir voller Erwartung angesteuerten Spelunke ausgerechnet an diesem Abend einer der berüchtigtsten Vorstadtzuhälter, der Tiroler Hansi, seinen zweiundvierzigsten Geburtstag. Ich kann mich noch gut daran erinnern, dass ich mir, traurig an der schäbigen Almbartheke lehnend, dachte: „Das kann es doch nicht geben, dass einer, der im Leben wenig Glück gehabt hat, auch beim Sterben noch Pech hat."

Von derartigen Gedanken verunsichert marschierte ich nun Richtung Amselstüberl. Als ich das schummrig beleuchtete Lokal nach einem relativ langen Fußmarsch betrat, spürte ich sofort, dass ich hier endlich für mich das Richtige gefunden hatte. An der altersschwachen Bar, an welcher der Chef selber bediente, saß eine stark geschminkte, sichtbar betrunkene alte Dame mit gesenktem Kopf derart am Barhocker, dass sie mich an eine welk gewordene Blume in einer billigen Vase erinnerte. Sie saß dort an fast jedem Abend; wahrscheinlich deshalb, weil sie früher – auch schon während meiner Rosenkavalierszeit – nahezu jede Nacht dort gearbeitet hatte.
Der einzige Tisch, der bereits besetzt war, stand unmittelbar neben der Musikbox. An diesem saßen zwei Kleinkriminelle, die mir ebenfalls von früher her schon bekannt waren. Da es die beiden Falotten immer wieder schafften in den Gerichtsspalten der hiesigen Lokalpresse erwähnt zu werden, habe ich sie auch später nie mehr gänzlich aus den Augen verloren. Der kleinere trug einen schwarzen Oberlippenbart und war eher schmächtig. Er hieß Kurt Lothringer, war zirka fünfundfünfzig Jahre alt und in der hiesigen Szene ein keineswegs unbekannter Trickbetrüger. Als junger Kerl war er anscheinend ein begabter Magier beim österreichischen Nationalzirkus Rebernigg gewesen. Später hielt er sich als mittelmäßiger Jongleur in einem griechischen Zirkus über Wasser. Gegen Ende seiner Laufbahn versuchte er sich einige Jahre lang als Messerwerfer beim kleinen Zirkus Bellini, bis er wegen der zahlreicher werdenden Fehlwürfe keine Partnerin mehr fand, die sich diesem speziellen Berufsrisiko aussetzen wollte.

Der Größere war zwar deutlich jünger, aber trotzdem schon recht blad. Sein Name, Hannes Pragsch, stand, soweit ich mich erinnern kann, auch wegen eines ausgesprochen unbeholfen durchgeführten Überfalls auf eine Trafikantin in der Zeitung.

Unauffällig machte ich es mir am Nebentisch bequem, um die Situation in Ruhe sondieren zu können. Relativ bald wurde mir klar, dass auf jeden Fall der Jüngere der Geeignetere wäre. Erstens entnahm ich seinem dummen Gerede dass er halbwegs pleite sein musste, zweitens war er zweifelsohne bewaffnet und drittens ganz eindeutig der Naivere.

Gegen zweiundzwanzig Uhr fragte ich schließlich die beiden keine zwei Meter von mir entfernt sitzenden Ganoven, ob ich ihnen eine Runde Bier spendieren dürfe. Mürrisch dankend nahmen sie an. Nach ein paar Bemerkungen zur Wetterlage und zur Qualität des ausgeschenkten Bieres bat ich den Pragsch an meinen Tisch, indem ich zu ihm sagte: „Setz dich kurz herüber zu mir, ich möchte dich nämlich etwas fragen."
In der Hoffnung auf ein nächstes Freibier nahm er meine Einladung an. Nun ging ich, wie man in gebildeten Kreisen sagen würde, gleich in medias res. Ich schlug ihm vor, dass er mich, da ich für einen Selbstmord eben zu feige wäre, gleich nach dem Sonnenaufgang auf der Wiese hinter dem Lokal erschießen solle. Außerdem empfahl ich, damit ihm die Polizei keinen Mord anhängen kann, dass er seine Pistole, auf der ich vorher meine Fingerabdrücke hinterlassen wollte, genau so neben meinem Leichnam platzieren sollte, dass alles nach einem Selbstmord aussehen würde. Schließlich versicherte ich ihm noch, dass sich

ein Abschiedsbrief in meiner Sakkotasche befindet. Nach kurzem Überlegen sagte er misstrauisch: „Kann ich den sehen?" Kaum hatte er zwei Zeilen gelesen, sagte er entspannt: „Der Brief passt!" Während der Hannes Pragsch sich für meinen Plan jetzt halbwegs begeistern konnte, lugte sein Kumpan sehr skeptisch zu unserem Tisch herüber. Als ich dem Pragsch 200 Euro als Gage vorschlug, wurde mein Mann allerdings wieder verdammt sauer. „Arschloch!", schrie er spontan, bevor er – mit der Begründung, dass er sich danach ja wieder eine neue Pistole beschaffen müsse – seinen Preis nannte: „2000 Euro und keinen Cent weniger", sagte er forsch.

„Einverstanden", antwortete ich, „allerdings habe ich jetzt nur etwa 200 Euro im Geldbörsl, den Rest bekommst du in spätestens einer Woche", ergänzte ich. „Das geht in Ordnung", meinte er und schon streckte er mir seine Pratze entgegen, um das Geschäft mit Handschlag zu besiegeln.

„Geschafft!", dachte ich mir, während ich befreit aufatmete.

Zu allem Überfluss mischte sich jetzt der ehemalige Zirkuskünstler, der mit seinem Stuhl inzwischen immer näher an meinen Tisch herangerückt war und deshalb unser Verhandeln abwechselnd amüsiert und irritiert verfolgen konnte, ins Geschehen ein: „Idiot!", zischte er sofort in die Richtung seines Kumpels, ehe er ihm erklärte: „Wenn du den einmal getroffen hast, triffst du ihn nie wieder."

Leider fasste mein Auftragsmörder in spe diese Bemerkung als Kritik an seinen Schießleistungen auf. „Wenn ich zehnmal auf ihn schieße treffe ich ihn zehnmal", brüllte er zurück.

„Du kapierst wirklich gar nichts", konterte der alte Haudegen Lothringer.

Ein böses Wort folgte jetzt dem anderen, alte Eifersuchtsgeschichten und letzten Endes ein gescheiterter gemeinsamer Einbruchsversuch kamen aufs Tapet, als der Pragsch plötzlich seine Pistole in der Hand hatte. Sekunden später, als er gerade abdrücken wollte, flog das Messer seines Kontrahenten, der inzwischen wieder etwas weiter von unserem Tisch weg gerückt war, durch die Luft.
Unglücklicherweise zielten beide verdammt gut und vor allem gleichzeitig; bevor ich richtig begriffen hatte, was hier vor sich ging, lagen alle zwei mausetot auf dem Boden des kurz zuvor noch durchaus heimeligen Amselstüberls. Mir blieb in diesem Fall wirklich nichts anderes übrig als meine Zeche vorerst schuldig zu bleiben und schleunigst zu verschwinden.

Bisher haben sich alle wesentlichen selbstmordfördernden Umstände kaum verändert. Deshalb gilt noch immer: Wenn jemand einen preisgünstigen Auftragsmörder bei der Hand hat, möge er sich bitte bei mir melden. Meine Telefonnummer ist 0665/8955893. Es müsste halt sehr bald sein, es eilt wirklich! Heute ist bekanntlich in Kairo der Weltklimagipfel ohne nennenswertes Ergebnis zu Ende gegangen. Morgen kommt der Kanzler aus dem Urlaub zurück, danach stehen gleich einmal Gespräche über eine Koalition mit einer Rechtspartei auf seiner Tagesordnung. Und übermorgen eröffnet unser Bürgermeister den dreitägigen Sommerschilauf-Event. Da bretteln die Sportler – in eine Technoklangwolke eingehüllt – dann Tag und Nacht vor meinem Fenster auf Rasierschaumpisten die Altstadtgässchen hinunter. Außerdem kündigt sich schon wieder ein neues Arschbackenabszess an.

Sie sehen also, das mit meinem Mann – Sie wissen schon was ich meine – wäre relativ dringend.
Sie kennen ja meine Telefonnummer!

Rechtsphilosophie in der Peripherie

Auf unserem Planeten gibt es Städte, die viel öfter und bedeutend stärker von diversen Wirtschaftskrisen gebeutelt werden als andere.

Meine schöne Geburtsstadt, die ich bereits im Babyalter erstmals wieder verlassen musste, da meine Eltern in ein anderes Dorf übersiedelten, gehört leider auch zu diesen wirtschaftspolitischen Pechvögeln.

Diese derzeit etwa zwanzigtausend Einwohner zählende Stadt, in der ich nach Jahrzehnten nun abermals sesshaft geworden bin, liegt am nördlichen Rand des Alpenhauptkammes. Über die Landesgrenzen hinaus ist sie bei historisch Interessierten durch bedeutende archäologische Funde aus der Keltenzeit und durch eine rund zwei Jahrtausende alte Tradition des Salzabbaus bekannt.

Ökonomisch ging es hier ständig kurzfristig bergauf und dann gleich wieder langfristig bergab. Kaum erlebte die Stadt einen Aufschwung durch die Ansiedlung einer Papierfabrik, kam schon wieder ein Abschwung durch die Schließung eines Werkes der Tabakindustrie; kaum gab es einen Aufschwung durch eine neu angesiedelte Chemiefabrik, gab es schon wieder einen Abschwung durch die Abwanderung einer Mopedproduktion.

So lief das leider über eine große Zeitspanne hinweg in dieser Stadt, deren altes Zentrum zwischen dem Salzberg und einem ruhig dahinplätschernden Fluss behaglich eingebettet ist. Gottseidank hat sich die Einwohnerzahl seit vielen Jahrzehnten nicht drastisch erhöht; so ist mein Geburtsort bis heute eine

Kleinstadt geblieben, in der sich wenigstens die Menschen innerhalb der einzelnen Stadtviertel nicht gänzlich fremd sind.

Derzeit geht es wirtschaftlich eher wieder bergab; ein paar Kapitalisten und ihre Spürnasen in den hiesigen Chefetagen haben bereits gerochen, dass durch die Verlagerung der Produktion in andere Länder größere Gewinne erzielt werden können.
So verloren erst kürzlich wieder zahlreiche Arbeiter und Angestellte ihren Job, als ein großer heimischer holzverarbeitender Industriebetrieb in eine Billiglohnregion abwanderte.
Auch im Zuge dieser Betriebsschließung bemühten sich einige Landes- und Bundespolitiker halbwegs redlich, die beschissene Situation der bisher dort Beschäftigten durch sogenannte Umschulungen zu beenden. So wurden aus Maschinenschlossern Knochengipser, aus Lagerarbeiterinnen Altenpflegerinnen, aus Staplerfahrern Lastwagenchauffeure und aus ausgesprochen pfiffigen Elektrikergesellen Computerfachleute, während aus weniger pfiffigen Holzlagerplatzhilfswarten mit guten Beziehungen und dem richtigen Pateibuch Gewerkschaftshilfssekretäre oder Parteihausportiere wurden.
Insgesamt konnten in den letzten Jahren immer weniger Arbeitslose in einen anderen Beruf umgeschult werden, da auch in anderen Bereichen kaum neue Arbeitskräfte gebraucht werden. Kürzlich musste sogar ein Tischler, der vor acht Jahren zum Lagerverwalter umgeschult wurde, mit einem Auffrischungskurs wieder zum Tischler zurückgeschult werden, weil momentan die Tischler wieder gefragter sind als die Lagerverwalter. Ich persönlich kenne einen ehemaligen Postler, der kürzlich zum Polizisten umgeschult wurde. Dieser fürchtet sich natürlich sehr davor,

wieder zum Postler zurückgeschult zu werden, falls die Allgemeinheit wegen der bedenklichen Datenschutzsituation im Internet künftig wieder zum Briefeschreiben zurückkehrt. Deshalb verbreitet er nun – als präventive Maßnahme sozusagen – in den drei Sportvereinen, in denen er als Hobbysportler aktiv ist, das Gerücht, dass fast alle Briefträger besonders neugierig sind und deshalb ständig die Briefe öffnen und sie danach in den Fluss werfen.

Da ich gerade die Umschulungen erwähnt habe, fällt mir jetzt noch ein, dass ein achtundfünfzigjähriger, dem Pensionsalter schon recht naher Papierfacharbeiter, der in unserem Mehrfamilienhaus wohnt, auf eigenen Wunsch zum Koch umgeschult wurde, weil ihm seine Frau nie etwas Gescheites kocht. Als typische Büchernärrin hat sie offensichtlich Wichtigeres zu tun, als Grießnockerl zu formen oder Schweinebäuche zu füllen.

Hunderte von den mehrmals sinnlos Umgeschulten und schließlich Ausgeschulten wurden letztlich doch wieder zu Arbeitslosen. Das dadurch bedingte Absinken der Kaufkraft zwang wiederum viele Geschäftsinhaber und Wirtsleute, ihre Läden oder Gaststätten für immer zu schließen.
Deshalb hat ein Fremder, welcher derzeit in unsere Stadt kommt, den Eindruck, dass er sich in einer heruntergekommenen und verarmten Stadt aufhält, die nur noch mit einem historisch interessanten mittelalterlichen Stadtkern und einem schönen Umland punkten kann.
Dadurch, dass im Zentrum die besten Wirtshäuser und diverse Geschäftslokale vermehrt schließen und die Wohnungsmieten in

vielen Häusern trotzdem rasant steigen, zieht sich das deutschsprachige Proletariat und die immer ärmer werdende Mittelschicht vermehrt in die neuen grausigen Vorstadtbetonbunker zurück. Im Stadtkern vermietet das Bürgertum nunmehr die nicht renovierten Häuser an die neu zugezogenen Immigranten, während es die prachtvoll renovierten Häuser entweder selber bewohnt oder an eine finanzkräftige Klientel vermietet.

Obwohl der Anteil der Bürger mit Migrationshintergrund an der Gesamtbevölkerung nicht größer ist als in der nächstgelegenen Großstadt, wird unsere Kleinstadt von Kleingeistern aus den Nachbarorten als Klein-Istanbul verhöhnt. Beim Blick auf unsere im Zentrum liegende Flussinsel erlaubte sich kürzlich einer von ihnen sogar, diese als westlichste Insel der Türkei zu bezeichnen.

So schaut es also gegenwärtig aus in unserem zunehmend unbedeutender gewordenen Flecken Erde.
Selten fanden in den letzten zwei Jahrzehnten auswärtige Medienmenschen den Weg zu uns. Die wenigen, die gekommen waren, posaunten in der Regel nur eine Betriebsschließung nach der anderen oder ein alarmierendes Gemeinderatswahlergebnis nach dem anderen hinaus. Und die einheimischen Zeitungskapazunder fanden nur mehr Wettbüroeröffnungsfeste, kleinkarierte Parteienstreitigkeiten und unprofessionelle kleinkriminelle Aktivitäten berichtenswert.

Ein beachtliches Medienecho erzielte allerdings kürzlich eine von einem einheimischen naiven Möchtegerngangster begangene Straftat. Landauf und landab konnten die Leute lesen und

hören, dass dieser Idiot bei einem ungeschickten Bankraub nur 70 Euro erbeutet hatte und bereits zwanzig Minuten später verhaftet werden konnte, als er sich in einem unweit vom Tatort gelegenen Lokal in eine wilde Rauferei verwickeln ließ, die von der Polizei beendet werden musste.
Tollpatsch scheiterte bei Banküberfall lautete deshalb übrigens die Überschrift eines Artikels, in welchem eine bekannte überregionale Zeitung am sechzehnten Jänner 2014 von diesem Ereignis berichtete.

Als ich am Abend dieses Tages in mein am Stadtrand gelegenes Stammlokal kam, bemerkte ich gleich, dass die Stimmung ganz anders war als an den Tagen zuvor. Noch nie hatte ich dort eine derart lautstark geführte Diskussion erlebt. Offensichtlich empörte irgendetwas die Gäste, von denen die meisten noch in diesem mir sympathischen proletarischen Milieu verankert sind, aus dem auch meine Vorfahren kamen. Eine kleine Minderheit unter den Stammgästen dieses Tschecherls gehört sogar zum Lumpenproletariat, das mir persönlich, wenn ich's mir genau überlege, eigentlich noch sympathischer ist.

Da ich mir an manchen Tagen auch zutraue, mich in lautstark geführte Diskussionen einzumischen, erkundigte ich mich gleich nach dem ersten kräftigen Schluck aus meinem Bierglas bei dem am heftigsten diskutierenden Kerl, den Franz, nach der Ursache für diese hitzige Debatte.
Sofort legte dieser los: „Hast du überhaupt schon kapiert, wie die Berichte über den depperten Bankräuber den Ruf unserer Stadt schädigen!"

Und dann fügte er noch hinzu: „Unsere intelligenten Bankräuber würden sich im Grab umdrehen, wenn sie diese Artikel lesen würden!"

„Was verstehst du unter unsere Bankräuber", fragte ich daraufhin spontan, ehe ich noch erwähnte, dass ich ja vorher noch nie gelesen hatte, dass ein Bürger unserer Stadt als Bankräuber verhaftet worden wäre.

„Wenn früher schon jemals etwas in der Zeitung gestanden hätte über hiesige verhaftete Bankräuber, dann wären es wohl keine besonders intelligenten Bankräuber gewesen", sagte daraufhin der Christian ausschließlich zu mir in einem sehr belehrenden Ton. Anscheinend war es für ihn ein großes Vergnügen, meine Fähigkeit logisch zu denken, anzuzweifeln. Um den Christian jetzt nicht noch mehr zu reizen, sagte ich vorerst nichts mehr, obwohl meine Neugierde durchaus nicht befriedigt war. Bald darauf wurde vom Franz absichtlich ein anderes Thema angesprochen; es war dies die scheinbar schlechter werdende Qualität des in dieser Region am häufigsten getrunkenen Bieres. Anschließend wurde über die in letzter Zeit immer extremer steigenden Mieten der Genossenschaftswohnungen diskutiert. Schließlich wurde noch eine Scheidung erwähnt, die absolut unüberlegt war. Es ging danach ja allen Beteiligten, den zwei Geschiedenen ebenso wie deren Kindern, viel schlechter als vorher.

Kurz vor Mitternacht wurde schließlich doch wieder über das Ausrauben von Banken gesprochen, obwohl ich noch am Tisch saß.

Vermutlich hatte der Alkoholgenuss die Zungen dieser Tischrunde derart gelockert und ihr Misstrauen gegen mich so verringert, dass der Franz, sofort nachdem der Bankraub wieder zur Sprache gekommen war, unvermutet zu mir sagte: „Irgendwie bist du eh einer von uns. Da können wir dir eigentlich vertrauen."

„Ja sicher", bestätigte ich sehr zufrieden, bevor mir so richtig bewusst wurde, dass dieser Vertrauensvorschuss eine große Ehre für mich ist. Wahrscheinlich fühlte ich mich in diesem Moment mindestens so geehrt wie an jenem weit zurückliegenden Tag, als mein damaliger Chef anlässlich meiner Beförderung förmlich Lobeshymnen sang.

Nach der Einleitung „Also, dann verrate ich dir jetzt ausnahmsweise etwas", erzählte der Franz folgendes: „Es lebten in den letzten hundert Jahren immer wieder Bankräuber in unserer Stadt; es gab oder gibt hier als Untergruppe der Organisation sogar eine eigene Bankräuberzunft. Jedenfalls haben wir eine stolze regionale Bankräubertradition. Allerdings nur in der Sparte unbewaffneter Bankraub."

Ich dachte in diesem kurzen Moment, in welchem der Franz zwecks Bestellung eines neuen Getränkes seine Erzählung unterbrochen hatte, dass das hoffentlich auch so bleibt, obwohl es in unserer Region nicht schwer wäre, eine Waffe zu erwerben. Man müsste ja nur mit einem rot-weiß-roten Trainingsanzug auf der Haut und teuren Langlaufschiern in der Hand ins nächste Sportwaffengeschäft gehen und ein Biathlongewehr kaufen.

„Bezüglich der gerade angesprochenen Bankräubertradition", fuhr der Franz fort, „weiß ich einiges von meinem Großvater. Der erzählte zum Beispiel, dass einer der Begabtesten aus dieser Zunft ein gewisser Jakob Angerer war, dessen Name jetzt ruhig genannt werden darf, da der Jakob schon längst tot ist und seine Nachfahren, die ebenfalls in der Bankbranche tätig sind, als brave

Angestellte auf der anderen Seite, auf der sogenannten legalen Seite, stehen. Außerdem müssen sie sich für ihren Vater oder Großvater grundsätzlich nicht schämen, weil dieser – ebenso wie die anderen ehrenwerten Kerle aus unserer Bankräuberzunft – immer den größten Teil der jeweiligen Beute armen Leuten heimlich in die Briefkästen gesteckt hat oder von ausgesuchten Kurieren anonym verteilen ließ."

Nun mischte sich ein etwas älterer Mann, der wegen seiner beruflichen Tätigkeit als Nachtportier abends nur selten in dieses Tschecherl kommen kann, ein.
Zuerst erwähnte er stolz, dass er etliche von den hiesigen Bankräuberheroes noch persönlich gekannt hätte. Dann berichtete er, dass sein älterer Bruder seinerzeit als Schmieresteher äußerst gefragt gewesen sei, da er ein guter Beobachter und außerdem auch sehr intelligent war. „Seine Intelligenz war vor allem dann wichtig, wenn es galt, eine plötzlich auftretende kritische Situation zu meistern", erklärte uns der Nachtportier und schilderte uns daraufhin genau so eine Situation: „Es muss etwa im Jahr 1957 gewesen sein, da hat der Angerer meinen Bruder engagiert als Schmieresteher bei einem perfekt geplanten Bankraub. Der Angerer und noch einer haben um etwa ein Uhr in der Nacht gekonnt und fast geräuschlos die seitliche Eingangstür des Gebäudes aufgebrochen. Als sie anschließend gerade die Tresorraumtüre knacken, tauchte plötzlich – aus einer Seitengasse kommend und in der Dunkelheit vorerst kaum sichtbar – der Direktor dieser Bank auf und steuerte die vordere Eingangstür an. Wahrscheinlich wollte er noch irgendeinen Aktenordner holen, als er, von der Stadtbar kommend, am Heimweg war.

Mein Bruder, der dies aus seiner Position hinter dem vorderen Hauseck beobachtet hatte, rammte sich deshalb sofort die Klinge seines Springmessers so tief in den Oberarm, dass halbwegs viel Blut herausströmte. Dann warf er sich auf den Boden, verbarg sein Gesicht und schrie gerade nur so laut um Hilfe, dass ihn zwar der nur mehr zehn Meter von ihm entfernte Bankdirektor hören musste, aber die in den umliegenden Häusern schon schlafenden Menschen nicht hören konnten. Als der herbeigeeilte Bankdirektor sich über ihn beugte, stammelte mein Bruder, dass er soeben von zwei Straßenräubern überfallen worden sei und unbedingt ärztliche Hilfe brauche.

„Gleich bei der Eisenhandlung da vorne wohnt eh ein Arzt", ächzte er noch, ehe er sich gar nicht mehr bewegte und nur mehr ganz schwach atmete. Nachdem der Bankdirektor aufgeregt losgelaufen war um den Arzt und die Polizei zu verständigen, ist mein Bruder schnell wieder aufgestanden, hat den Angerer und dessen Komplizen alarmiert und ist mit diesen dann schleunigst abgezischt."

Nach diesem Einblick in die nächtliche Welt eines erfolgreichen Schmierestehers lenkte ein Anderer die Aufmerksamkeit auf weitere einheimische Bankräuberheroes.

Einer dieser Helden war zum Beispiel ein arbeitsloser Betriebsschlosser, der es in seinem Zweitberuf zu einer derartigen Fertigkeit als Tresorknacker gebracht hatte, dass er noch als Siebzigjähriger ein gefragter Mann für besonders knifflige Fälle war. „In dieser Branche ist es besser man ist ein gefragter Mann als ein gesuchter Mann", scherzte der Christian, von dem ich schon wusste, dass er Wortspiele mehr liebt als Kartenspiele, sofort ausgesprochen intelligent.

Sehr bedauert wurde in der illustren Runde, in der ich mich gerade sehr wohl zu fühlen begann, obwohl ich bisher kriminelle Handlungen immer strikt verurteilt hatte, dass es dem erwähnten Tresorknackergenie nicht gelungen war einen Nachfolger auszubilden, der ihm in diesem Handwerk halbwegs ebenbürtig hätte werden können.
„Was die Nachwuchspflege anbelangt, konnten wir leider mit dem Schiklub, der sogar einmal einen Olympiasieger hervorbrachte, nie mithalten", meinte der Wirt noch, bevor dieses spezielle Thema wieder vom Tisch war.

Weil mir dann, als die Nacht schon vom anbrechenden Tag verdrängt wurde, die immer wieder aufflackernde unreflektierte Heldenverehrung doch langsam zu viel wurde, fasste ich all meinen Mut zusammen, um die folgende, eigentlich längst schon fällige Frage, in die kleine Beislrunde zu schmeißen: „Findet ihr eigentlich, dass das Ausrauben einer Bank moralisch gesehen in Ordnung ist?"
Dass ich das vor allem als alter Kantianer gefragt habe, verschwieg ich natürlich.

Wer gerne in Vorstadtlokalen verkehrt weiß nach einiger Zeit halbwegs, was er in einem bestimmten Moment fragen oder sagen darf. Dieses nach und nach erworbene Wissen war sicher der Grund, weshalb ich zumindest in den letzten zwei Jahren derartige Lokale körperlich halbwegs unversehrt wieder verlassen konnte.

Meine Frage, die nach meinem Dafürhalten nicht zu provokant war, brachte den Pepperl, den unbestrittenen Chefideologen dieser Runde, dennoch ordentlich in Rage.
Dieser Pepperl hatte ab dem Jahr 1989 in der Hauptschule des Nachbarortes Deutsch und Geschichte unterrichtet. Nachdem er als gelegentlicher Cannabisraucher und fanatischer Reformpädagoge entlarvt worden war, durfte er seinen Beruf nach einigen Jahren nicht mehr ausüben, obwohl er ein derart begabter Lehrer gewesen war, dass seine ehemaligen Schüler und Schülerinnen immer noch von ihm schwärmen.
Seit seiner Entlassung aus dem Schuldienst düst er nun unentwegt als Fernfahrer auf den Straßen Europas umher.
Desto mehr schätzt er die Tage, an denen er sich in seinem Wohnort entspannen kann. Als ich mit ihm einmal sehr interessiert über seinen Job sprach, sagte dieser belesene Kerl unter anderem zu mir:
„In meiner Fahrerkabine bin ich wenigstens ein freier Mann, während ich im Lehrerzimmer ständig unter Beobachtung gestanden bin."
Zu meiner Frage bezüglich der moralischen Rechtfertigung für einen Bankraub konterte er sofort mit der aggressiv gesprochenen Behauptung: „Das siehst du aber sehr einfältig."
Nachdem er wieder etwas ruhiger und freundlicher geworden war, erklärte er mir: „Die Frage, was bestraft gehört und was nicht, ist oft schwer zu beantworten. Unsere Richter sind zum Beispiel durchwegs der Meinung, dass es nicht strafbar ist, wenn die großen Banken Milliarden Euros oder Dollars verdienen mit Spekulationen, bei denen tausende und abertausende kleine Geldanleger nahezu ihre gesamten Ersparnisse verlieren. Dazu kommt

noch – ganz nebenbei gesagt – dass sich die Banken ihre Verluste von den Steuerzahlern ersetzen lassen, falls es für sie selbst eng wird im Zuge irgendwelcher Spekulationen. Der Dichter Brecht wird schon gewusst haben, weshalb er das Gründen einer Bank als größeres Verbrechen einstufte als das Ausrauben einer Bank."
„So kann man das nicht sehen", entgegnete ich und formulierte dann folgende grundsätzliche Überlegung: „Es kann sich doch nicht jeder Staatsbürger seine eigenen Gesetze machen, wenn er glaubt, dass die staatlichen Gesetze ungerecht sind."
Mit der Bemerkung, „Da hast du schon irgendwie recht; man kann nicht gleich eine Bank ausrauben, wenn man sich von dieser betrogen fühlt oder tatsächlich betrogen wurde", schlug sich nun der älteste Mann am Tisch, der Bauarbeiter Kurtl überraschenderweise auf meine Seite.
Als Nächster mischte sich dann der Karl in die Debatte ein. Dieser kräftige Kerl war wohl der eigentliche Boss dieser Beislrunde. Mit dem netten Wirt war er seit Jahren eng befreundet. Stets war er diesem beim allenfalls notwendigen Rausschmeißen eines rabiaten Gastes eine große Hilfe.
Zuerst sagte er zu mir: „Das mag schon sein, dass du nicht ganz falsch liegst mit deiner Meinung." Dann relativierte er seine Zustimmung allerdings gleich mit dieser Einschränkung: „Wenn jemand ohne seine persönliche Schuld in eine derartige Armut hineingetrieben wird, dass er sich – siehe Griechenland – nicht einmal mehr die notwendigsten Medikamente für die Behandlung einer lebensbedrohlichen Krankheit kaufen kann, hat er sehr wohl das Recht sich zu wehren; notfalls auch mit Maßnahmen, die ungesetzlich sind."
Nach dieser Wortmeldung applaudierten ihm einige am Tisch spontan, und einer plärrte sogar ganz laut „Recht hast, Karl!"

Auch der alte Kurtl, der kurz vorher noch meiner Meinung war, wechselte jetzt die Seite und sagte mit voller Überzeugung: „Der Karl hat schon recht; wenn einem der Staat nicht mehr helfen kann in so einer Situation, in die man unschuldig hineingeraten ist, dann darf man sich schon selber mit allen Mitteln helfen – solange dabei niemand verletzt wird."
Obwohl ich weiterhin überzeugt war, dass das, was der Karl und der Kurtl soeben gesagt hatten ein Blödsinn war, weil doch nur der Staat das Recht haben kann mit seinen Gesetzen und seinen Organen für Gerechtigkeit zu sorgen, fand ich es nicht zielführend, jetzt nochmals in die Diskussion einzusteigen.
Damit war die Debatte beendet. Auch alle anderen in dieser Runde, die nicht kleiner geworden war in den letzten Stunden, hatten offenbar das Gefühl, dass keine weitere Wortmeldung nötig war. Die folgende, relativ lange Gesprächspause nutzte der Wirt zum Abräumen der leeren Gläser. Dann spendierte er noch für jeden von uns einen Raki.

Anschließend schnitt der Karl noch das Thema an, wie man in früheren Zeiten verhindern konnte oder in Zukunft verhindern könnte, dass jemand eine Bank so unprofessionell ausraubt wie jener anfangs erwähnte Tollpatsch. Meine Zechbrüder waren ja bekanntlich davon überzeugt, dass dieser Idiot die hiesige traditionelle Bankräuberzunft und auch den Ruf der Stadt beschädigt hatte.
Mit der Äußerung, „Nach den Zeitungsberichten über unseren jetzt berühmt gewordenen Bankräuber will ich gar nicht mehr sagen, aus welcher Stadt ich komme", stieg der Roland, der bisher nichts gesagt hatte und der eigentlich einer ist, der auch sonst

meistens nur den Mund aufmacht, wenn er ein Bier bestellt, in die Diskussion ein. Dann fuhr er fort: „Mein Opa würde sich im Grab umdrehen, wenn er diese Artikel sehen würde. Er hat noch mit dem legendären Angerer Karl zusammengearbeitet und mir, als er schon ziemlich alt aber geistig noch voll da war, ein paar Mal erzählt, dass in seiner aktiven Zeit alle Feldzüge – er nannte die Einbruchstouren zu den Banken immer Feldzüge – vom Anfang bis zum Ende perfekt geklappt haben."

„Weshalb das früher derart gut funktioniert hat", meinte der Pepperl, weiß ich ganz genau: „Die Gemeinschaft hat noch mehr gezählt und deshalb war man besonders in den Arbeitervierteln gerne bereit gut zusammenzuarbeiten. Erst dieser Gemeinschaftssinn ermöglichte alle seinerzeitigen illegalen Aktionen. Soviel ich von meinem Vater weiß, war es nämlich so, dass seinerzeit die meisten Bewohner der hiesigen Arbeitersiedlungen – auch jene, welche die heutigen Kriminalsoziologen zum problematischen und eventuell gewaltbereiten Subproletariat zählen würden – es irgendwie mitbekommen haben, dass es seit dem Jahr 1925 eine von vertrauenswürdigen Leuten des verarmten Proletariats geleitete illegale Organisation gab, welche mit bestimmten Handlungen, zu denen sehr oft auch der Bankraub gehörte, den von Armut Betroffenen helfen konnte.

Natürlich kannte man in jedem Stadtviertel mehrere Kontaktpersonen, denen die geheimen Pfade zu dieser Organisation nicht fremd waren.

Die wichtigsten Männer innerhalb der Organisation waren natürlich die für den Bankraub zuständigen. Diese bildeten jene Bankräuberzunft, welche zuerst der Franz heute schon erwähnt hat. Auch die anderen Gruppen der Organisation sahen sich – obwohl das natürlich aus der Sicht eines Historikers eine unzutreffende Bezeichnung ist – nach und nach als Zünfte. So gab es schließlich unter anderem eine Wildererzunft, eine Dokumentefälscherzunft und eine Schwarzfischerzunft. Letztere nahm vorwiegend talentierte junge Leute auf, damit sie einmal in das Zunftwesen der Organisation hineinschnuppern konnten."

Mit der Äußerung „Davon habe ich früher schon öfter Mal gehört, aber ich habe bisher geglaubt, dass das nur eine Geschichte ist, die sich jemand ausgedacht hat", unterbrach der in einem anderen Bundesland geborene Wirt kurz den Pepperl, ehe er wieder zu seinem Arbeitsplatz am Tresen ging, um den Geschirrspüler auszuleeren.

„Da ist nichts erfunden", antwortete ihm der Pepperl, und erzählte weiter: „Immer wieder hat man für die Bankräuberzunft Männer mit speziellen beruflichen Kenntnissen diskret angeworben; zuerst arbeitslose Schlosser und später dann, als das mit den Alarmanlagen losging, auch arbeitslose Elektriker.

Das Wichtigste war allerdings, dass jeder, der sich um die Aufnahme in die hiesige Bankräuberzunft bewarb, die drei eisernen Zunftgesetze akzeptierte: Man sollte keine Personen verletzen, man durfte keine Waffen verwenden und man musste jenen Teil der Beute, den man für sich und seine Familie nicht unbedingt benötigte, an die Organisation weitergeben, damit den bedürftigen Mitbürgern, vor allem den alleinerziehenden Müttern und den alten Menschen geholfen werden konnte.

Die Zustellung dieser Geschenke übernahmen bis zum Ende der sechziger Jahre des vorigen Jahrhunderts ausschließlich gewisse

Stadtviertelvertrauensleute der sozialistischen und der kommunistischen Partei. Diesen Kurieren wurde natürlich nie gesagt, aus welchen Quellen das zu Verteilende wirklich sprudelte."

Nach dieser ausführlichen Erklärung schnaufte der Pepperl noch einmal tief durch, bevor er sie mit dem wehmütigen Satz beendete: „Ja, so war das alles einmal bei uns!"
„Zu diesen Kurieren gehörte auch meine Oma", rief der Roland jetzt spontan in die Runde, nachdem ihm der Pepperl dieses Stichwort geliefert hatte. „Deshalb erzähle ich euch jetzt noch eine wahre Geschichte", sagte er und legte los: „Auch meine Oma hat, wenn sie Geldscheine zustellen musste, immer alles geglaubt, was man ihr über die Herkunft des Geldes erzählt hatte. Einmal – es muss etwa 1953 oder 1954 gewesen sein – hat man ihr gesagt, dass die zweitausend Schilling, die sie diskret einer armen kinderreichen Familie in ihrer Nachbarschaft in den Briefkasten werfen sollte, vom sehr erfolgreichen oberösterreichischen Radrennfahrer Manfred Kücher kämen, der zwei Tage zuvor ein hier vom roten ARBÖ veranstaltetes Radrennen gewonnen hatte und danach sein Preisgeld für einen sozialen Zweck gespendet hätte.
Als dieses Radrennen auch im nächsten Jahr wieder stattfand, wuselte sich meine gschaftige Oma kurz vor dem Start durchs ganze Fahrerfeld bis zu diesem Kücher durch, um sich für die vorjährige Spende herzlich zu bedanken. Da dieser allerdings gar nichts von einer Spende im vergangenen Jahr wusste, schaute er sie nur derart verwirrt an, dass sie bald wieder abzog. Später erzählte sie einer Nachbarin, dass sie den Eindruck hatte, dass dieser Rennfahrer vor dem Rennen irgendetwas Eigenartiges geschluckt hätte, weil er gar so verwirrt dreinschaute, als sie ihn ange-

sprochen hatte. Dieser Sportler, der in seinem Heimatort Mattighofen als Schneidergeselle tätig war und deshalb von seinen Sportfreunden den Kosenamen schneller Zwirn verpasst bekommen hatte, konnte vom Gespräch über diese Spende allerdings nur irritiert sein; er wusste ja, dass er in dem erwähnten Jahr gar nicht in der Lage gewesen wäre, sein Preisgeld zu spenden; er hatte es nämlich damals nach dem Rennen sowohl mit den Freunden aus seinem Radclub als auch mit Gegnern aus anderen Radclubs versoffen."

„Das ist echt eine schräge Geschichte, das war sozusagen der erste unbegründete Dopingfall in dieser Stadt", sagte ich zum Roland, bevor ich mich mit einer weiteren Frage, die mir schon lange auf der Zunge gebrannt hatte, wieder an meine Zechgenossen wandte: „Mich wundert, dass nie ein Bankräuber oder wenigstens ein Schmieresteher verraten wurde, zum Beispiel im Zuge einer Eifersuchtsgeschichte."
„Es wurde wahrscheinlich deshalb nie jemand verraten", erklärte mir der Karl, „weil die Menschen in den Arbeitervierteln noch diesen vorhin bereits angesprochenen ausgeprägten Gemeinschaftssinn hatten; in diesem Milieu war es sozusagen ein in Granitstein gemeißeltes Gesetz, dass man einen Arbeitskollegen, einen Freund oder einen Nachbarn unter keinen Umständen verraten darf. Außerdem wusste jeder, dass er als Verräter ein sehr unangenehmes Leben gehabt hätte in seinem Stadtviertel."

Bald nach dieser einleuchtenden Antwort auf meine Frage riet uns der Karl, dass wir nun alle schön langsam nach Hause gehen sollten. Da auch ich schon verdammt müde war, nahm ich diese Empfehlung gerne an.

Kaum hatte ich die Hälfte der Strecke zurückgelegt, erwischte mich ein plötzlich einsetzender kurzer Regenschauer. „Hoffentlich kühlt er meinen Kopf so weit ab, dass ich bald wieder klarer denken kann", sagte ich zu mir selbst.

Zuhause angekommen, hantelte ich mich derart ungeschickt in meine kleine Dachgeschoßwohnung hinauf, dass ich mir Vorwürfe machte wegen dieser exzessiven Trinkerei, zu der ich mich in manchen Nächten hinreißen ließ. Mit dem festen Vorsatz, nun wenigstens ein paar Tage lang keinen Alkohol zu trinken, ging oder wankte ich, vom Bad kommend, ins Schlafzimmer. Trotz meiner großen Müdigkeit konnte ich vorerst nicht einschlafen. Deshalb las ich noch ein paar Seiten in einem Werk meines Lieblingsphilosophen Immanuel Kant.

„Seine Texte habe ich bisher auch immer besser verstanden als heute", dachte ich noch, bevor ich endlich in einen tiefen Morgenschlaf fiel.

Als ich am frühen Nachmittag wieder aufwachte, musste ich gleich an die Gespräche in der vergangenen Nacht denken. Offenbar haben meine Vorstadtfreunde ein paar Satzkugeln abgefeuert, die mich vermutlich noch länger beschäftigen werden. Einiges ist nämlich seit dieser hier geschilderten Beislnacht für mich nicht mehr so klar wie vorher, da es mir – je länger ich darüber nachdenke – immer weniger gelingt, alle Argumente und Geschichten dieser eigentlich doch sehr liebenswürdigen Falotten aus diesem Vorstadtbeisl schlicht und einfach als Humbug abzutun.

Damit das Gedankenkarussell in meinem Kopf schön langsam wieder zum Stillstand kommen konnte, entschied ich mich am

frühen Abend für eine Wanderung mit meinem langjährigen Freund Günther. Wir wählten den leicht abfallenden Flussuferweg, auf dem man in drei Stunden bis in die Landeshauptstadt gelangen konnte. Auf den ersten Kilometern sprachen wir gar nichts, vorerst genossen wir in erster Linie die frische Luft in der Schneise zwischen Ufersträuchern und Auwald. Nach der halben Strecke, wo die Auwälder schon den Wiesen weichen mussten, genehmigten wir uns eine kurze Rast in einem Gasthaus. Dort schilderte ich dem Günther erstmals diese langen, mich so sehr irritierenden Gespräche aus meinem Vorstadtbeisl.
Anstatt diese mit mir zusammen zu analysieren, sagte mein Freund nur ganz lapidar: „Ich habe dir ja immer schon gesagt, dass die Wirtshäuser und Beisln die Universitäten des kleinen Mannes sind." Dann fügte er noch in einem gar nicht warmherzigen Ton hinzu: „Es wird dich schon nicht völlig aus der Bahn werfen, dass du in einem am Stadtrand gelegenen rechtsphilosophischen Institut einmal eine Nacht lang in eine knifflige Debatte verwickelt worden bist."

Als wir unsere Wanderung fortsetzten, gingen wir vorerst wieder wortlos weiter. Ich war wohl etwas verschnupft wegen Günthers merkwürdigem Kommentar zu meinen Beislgesprächen, ich fühlte mich nicht ernst genommen und war verärgert, weil mir seine ironische Bemerkung über die Universitäten des kleinen Mannes wirklich nicht helfen konnte, wieder mehr Klarheit in mein Denken zu bekommen.

Kaum hatten wir die Landeshauptstadt erreicht, ließen wir uns in einem ihrer schönsten Kaffeehäuser nieder. Wir waren beide seit Jahrzehnten begeisterte Kaffeehaussitzer. Ich war – wie Sie inzwischen wissen – zudem auch ein begeisterter Vorstadtbeislgeher, während der Günther meistens in den Altstadtkebabbeisln unserer Heimatstadt sitzt, wenn er nicht in einem Kaffeehaus anzutreffen ist. Zu Hause waren wir beide nicht sehr häufig. „Dadurch haben unsere Wohnungen weniger Wertverlust, dadurch können wir sie teurer verkaufen, bevor wir einmal in ein Altersheim gesteckt werden", meinte der Günther vor etwa einem Jahr diesbezüglich.

Ich weiß noch, dass ich damals geantwortet hatte: „Diesen zukünftigen Gewinn versaufen wir am besten gleich in den nächsten Monaten; wenn wir irgendwann altersheimreif sind, ist eh alles zu spät." Mein Vorschlag war wahrscheinlich derart einleuchtend, dass wir sofort mit seiner Umsetzung begannen mittels einer mühsam erreichten Ausdehnung unseres jeweiligen Kontoüberziehungsrahmens.

Bevor wir uns aufmachten, das Kaffeehaus in der Landeshauptstadt wieder zu verlassen, fragte mich der Günther, obwohl dieses Thema seit Stunden nicht mehr am Tapet war, plötzlich: „Wie heißt eigentlich diese Organisation, von der in deinem Vorstadtbeisl letzte Nacht die Rede war?"

Diese Frage musste ich ihm ehrlicherweise so beantworten: „Ich weiß es nicht, und selbst wenn ich es wüsste, würde ich es dir nicht sagen, weil der Verrat von Geheimnissen auch bei so einer Organisation wie der angesprochenen, die ja im Grunde genommen eigentlich eine Hilfsorganisation ist, für den Schwätzer sehr unangenehme Folgen haben könnte."

Als wir mit dem letzten Nachtzug zurück fuhren in unser Städtchen, sprach der meistens doch halbwegs rücksichtsvolle Freund mit mir lieber vom Wetter und der deutschen Fußballbundesliga, um mich ja nicht in Schwierigkeiten zu bringen, falls zufällig jemand von der womöglich noch immer aktiven und sehr geheimen Organisation in unserer Nähe sitzen würde.

Die Bürde einer alten Schuld

Die seit Jahrzehnten miteinander befreundeten stattlichen Wiener Herren, der noch immer aktive Amtsrat Rudolf Talwieser und der schon pensionierte Oberbuchhalter Erich Höfinger genossen auch im Jahr 1988 wieder einige Sommerwochen in ihrem langjährigen gemeinsamen Urlaubsort. Dieser ruht in der Mitte eines recht engen österreichischen Gebirgstales, das ausgerechnet hier, und eigentlich nur hier, vor abertausenden Jahren derart breit geworden ist, dass man glauben könnte, man befände sich schon in der tiefer liegenden weitläufigen Landschaft der Voralpen. Deshalb lieben dieses kleine, auch von mir sehr geschätzte und bisher vom Massentourismus noch kaum entdeckte Idyll eher die gemütlichen Wanderer als die ehrgeizigen Bergsteiger und Kletterkönige.

Zu den Wanderern, die damals mein Interesse geweckt hatten, gehörten auch meine Zimmernachbarn im dortigen Postwirt, die beiden vorhin erwähnten Freunde also, welche trotz ihrer durchaus gutbürgerlichen Lebensart auf viele Mitbürger etwas kauzig wirkten.
Beinahe täglich machten sie sich nach dem Frühstück auf den Weg zu einem kleinen Moorsee, der in eine Wiese eingebettet ist wie das Blütenkörbchen in den Blätterkranz der Alpenaster. Ein dichter Schilfgürtel, der nur von einem maroden hölzernen Badesteg durchbrochen wird, beschützt dieses Gewässer, das ob seiner Kleinheit von etlichen Einheimischen auch als Moorlacke verspottet wird, heute noch vor allerlei möglichen unerwünschten Eindringlingen.

An manchen Tagen waren die beiden Herren aus der Bundeshauptstadt die einzigen Urlauber, die sich hier ausruhten oder das Baden im angenehm warmen Wasser genossen. Oft lagen sie dann bis zum späten Nachmittag entspannt am Ufer bevor sie ihre Badesachen und die Bücher wieder in die Rucksäcke packten und sich auf den Weg machten zu ihrem Quartier im Dorfzentrum.
Doch bevor sie dieses endgültig ansteuerten, genehmigten sie sich meistens auf der Terrasse einer kleinen Jausenstation, welche sie nach etwa einer Stunde Fußmarsch erreichten, eine Pause.
Die Sonne strahlte um diese Tageszeit schon recht milde auf diesen Landstrich und somit auch auf dieses Haus, das weder Gasthaus noch Bauernhaus war, sondern eine gelungene Mischung aus beiden.

Dort führten die zwei Freunde lange und interessante Gespräche, welche sie allein schon deshalb sehr schätzten, weil sie für beide nicht alltäglich waren. Da sie längst von ihren jeweiligen Frauen getrennt lebten und auch zu den bereits erwachsenen Kindern kaum noch Kontakt hatten, waren sie im Lauf der Jahre nämlich richtige Eigenbrötler geworden, die kaum noch Bekannte hatten, mit denen sie sich regelmäßig austauschen konnten.

Ein äußerst interessantes Gespräch zwischen den Beiden kam in diesem Sommer wohl dadurch zustande, dass dieses Jahr 1988 ein sogenanntes Gedenkjahr war, in welchem in einigen Medien wenigstens sporadisch an den 1938 erfolgten Einmarsch der Hitler-Armee in Österreich und die damit verbundenen Schicksale vieler Bürger erinnert wurde.

Deshalb war es eigentlich keine Überraschung, dass der Oberbuchhalter Höfinger eines Tages bei der Rast in der einschichtigen kleinen Jausenstation eine lokale Kirchenzeitung entdeckte, in der ebenfalls das Gedenkjahr thematisiert wurde. Gleich auf der zweiten Seite dieses extrem konservativen Blattes vertrat ein gewisser Monsignore G. die Ansicht, dass in den meisten Regionen des Dritten Reiches in erster Linie die beiden großen christlichen Kirchen von den faschistischen Schergen verfolgt und gedemütigt worden wären. Das empörte den Agnostiker Höfinger sichtlich. Mit hochrotem Kopf schrie er deshalb so laut, dass es wahrscheinlich alle Terrassengäste hören konnten: „Viel mehr als die christlichen Kirchen haben unter dem Terrorregime der Nazis wohl die Juden, Kommunisten, Sozialisten, Roma, Sinti und andere gelitten. Man muss sich beispielsweise nur einmal vor Augen führen, wie viel Besitz hunderttausenden jüdischen Familien seinerzeit geraubt und bis heute nicht zurückgegeben wurde!"

„Diesbezüglich wirst du schon recht haben", sagte sein Freund Talwieser, der sich zuvor eine dicke Zigarre angezündet hatte und nun einen vorbeifliegenden Habicht beobachtete, derart emotionslos, dass sofort klar geworden war, dass dieses von ihm soeben angesprochene Thema sein Gegenüber nicht wirklich berührte.

Diese Gleichgültigkeit des Talwieser entfachte in Höfinger ein Feuer, das wahrscheinlich schon länger auf kleiner Flamme in ihm gelodert hatte. Deshalb schrie er nun noch lauter als zuvor: „Viele Nazis, die sich jüdisches Eigentum angeeignet haben,

haben nie ein schlechtes Gewissen gehabt und diejenigen, die jemals eines hatten, haben es längst abgeschüttelt und verdrängt, indem sie sich im Lauf der Jahrzehnte lächerliche Entschuldigungen und seltsame Lügengebäude konstruiert haben, mit denen sie leichter leben können als mit der Wahrheit."

Nach einer kurzen Nachdenkpause, in der er sich wieder etwas beruhigt hatte, fügte er noch an: „Ein typischer Vertreter dieser Spezies ist beispielsweise der nunmehrige Eigentümer jenes Hauses in der Wiener Innenstadt, in dem ich aufgewachsen bin."

Die starke Erregung seines Freundes bewirkte, dass sich der Herr Amtsrat Talwieser nun doch für das Thema zu interessieren begann. Deshalb bat er, während sie noch auf der Terrasse der Jausenstation ihre Brettljause und den Ausblick auf die umliegenden Berge genossen, Herrn Höfinger: „Erzähl mir ruhig mehr über diesen Wiener Hausbesitzer, der sich sein Eigentum damals offenbar ergaunert hat."

Nach einem etwas ironisch klingenden „Das kann ich gerne tun", berichtete der Oberbuchhalter, nachdem er sich noch ein paar beruhigend wirkende Schlückchen aus seinem Weinglas genehmigte, nun relativ unaufgeregt das Folgende:
„Ich bin ja, wie du weißt, ein 1925er Jahrgang. Also war ich beim Anschluss Österreichs bereits dreizehn Jahre alt und habe deshalb schon sehr genau beobachtet, was 1938 und in den folgenden Jahren in jenem vierstöckigen Bürgerhaus, in dem meine Eltern eine Wohnung gemietet hatten, vor sich ging.

Bevor ich diesbezügliche Einzelheiten Preis gebe, möchte ich vorab aber noch erwähnen, dass diese Wohnung im zweiten Wiener Gemeindebezirk vorerst für mich ein absoluter Glücksfall war. Ich konnte nämlich von unserem Küchenfenster direkt in den Augarten hineinschauen und somit jederzeit beobachten, ob meine Spielkameraden dort bereits eingetroffen waren. Sobald ich sie erblickte verließ ich unsere Wohnung meistens derart hastig, dass mich meine Mutter bei der Rückkehr manchmal spöttisch fragte, ob ich beim Rauslaufen geglaubt hätte, dass es im Augarten Gratiszuckerl regnen würde.

Unser gemütliches Zuhause lag im dritten Stock. Im vierten wohnte die junge Familie Kern mit ihren zwei kleinen Kindern. Gertrud Kern führte den Haushalt, ihr Gemahl Rupert arbeitete werktags im Erdgeschoß und im Keller des Hauses als Lagerarbeiter der kleinen Papiergroßhandlung, welche unsere jüdische Hausbesitzerfamilie schon in der dritten Generation hier führte. Am Sonntagvormittag schlüpfte er dann, wegen der Verringerung der Wohnungsmiete, regelmäßig in die Rolle des Hausmeisters.

Ausdrücklich erwähnen muss ich auch, dass die Eigentümer des Hauses, Herr Leo Böhm und seine Frau Ruth, ihre Mieter stets fair behandelten. Außerdem stellten sie ihren knapp siebzigjährigen Großtanten, welche sie stets sehr liebevoll betreuten, eine Wohnung im zweiten Stock beinahe unentgeltlich zur Verfügung. Ich persönlich kannte unsere Hausherrn deshalb sehr gut, weil ich ein recht gern gesehener und mit allerlei Leckereien verwöhnter Gast war, wenn ich mit ihrem Sohn David spielte, der nur zwei Jahre jünger war als ich. Außerdem wusste ich sehr wohl zu schätzen, dass ich mir aus ihrer umfangreichen Bibliothek jederzeit ein Kinder- oder Jugendbuch ausleihen durfte. Die

Chemiebücher und der Chemiebaukasten ihres Sohnes interessierten mich nicht, obwohl es diesem schon recht gewesen wäre, wenn ich mich ebenfalls für jenes Wissensgebiet begeistert hätte, mit dem er sich schon als elfjähriger Knabe stundenlang derart intensiv beschäftigte, dass er eines Tages den Spitznamen kleiner Professor verpasst bekam. Als ich Jahrzehnte später erfuhr, dass er im Jahr 1967 wirklich ein hervorragender Chemieprofessor an einer weltberühmten Universität in Boston geworden war, war ich einerseits gar nicht überrascht und andererseits durchaus erfreut, dass er nun jene Position als Wissenschaftler inne hatte, von der er wahrscheinlich schon als Knabe geträumt hatte im turbulenten Wien der Zwischenkriegszeit.

Ebenfalls in angenehmer Erinnerung sind mir die fröhlichen Feste des Hausherrn, bei denen die Türen auch für die Mieter offen standen. Ich muss hier ausdrücklich von der im Jahr 1937 über die Bühne gegangenen Geburtstagsparty für die Hausherrin erzählen. Herr Böhm hatte damals sogar ein Jazztrio engagiert, das im Salon spielte. Er wusste ja ganz genau, dass seine in Berlin aufgewachsene Frau die Jazzmusik besonders schätzte. Ich selber hatte ja eine derartige Musik vorher noch nie gehört; immerhin sollten etliche Jahre vergehen, ehe ich sie das nächste Mal wieder genießen konnte.

Was mir an diesem Tag kaum aufgefallen war, obwohl es mir im Nachhinein nicht unwesentlich schien, war das Faktum, dass sich der Herr Kern und seine Gemahlin auch bei diesem Fest nur ganz kurz blicken ließen und sich kaum auf ein Gespräch mit den anderen Gästen einließen. Ich vermutete die längste Zeit, dass sie halt schüchterne Menschen und deshalb nicht sehr leutselig wären. Dass es ihnen ihre faschistische Weltanschauung nicht erlaubt, bei den Festen der jüdischen Hausherrnfamilie entspannt mitzufeiern, wurde mir eigentlich erst nach dem Anschluss Österreichs ans Deutsche Reich klar.

Ab diesem Tag im März des Jahres 1938 trugen sie nämlich ihre bisher geheim gehaltene Gesinnung mit großem Stolz durch unser Viertel. Gerade Herr Kern, ein eher schmächtiger unscheinbarer Mann, der zwar relativ fleißig war, aber noch nie durch besondere Klugheit geglänzt hatte, erzählte nun allen Nachbarn enthusiastisch, dass er schon seit 1936 bei den illegalen Nazis im Bezirk aktiv gewesen ist.

Die jüdische Familie Böhm, die stets das politische Geschehen im Land interessiert beobachtet und trotzdem nicht vorhergesehen hatte, dass sich derart viele Österreicher ihres Heimatlandes so schnell für das Naziregime begeistern würden, schaffte es nach dem Anschluss gottseidank sehr schnell, eine Einreisegenehmigung in die Vereinigten Staaten zu ergattern. Vor ihrer Abreise liquidierten sie noch ihren Handelsbetrieb; zudem baten sie einen befreundeten Notar, dass er ihre beiden Großtanten, welche sich einen Neuanfang auf einem anderen Kontinent nicht mehr zutrauten, als neue Hauseigentümer ins Grundbuch eintragen lässt.

Obwohl ich mich nach einem Briefwechsel mit David Böhm in den sechziger Jahren relativ intensiv mit dieser gewollten Grundbuchseintragung beschäftigt hatte, war es mir auf Grund einer überaus lückenhaften Aktenlage nicht möglich zu eruieren, ob sie dieser Notar, welcher einige Monate später selbst ein Opfer des NS-Regimes geworden war, noch bewirken konnte.

Fest steht jedenfalls, dass ab 1. November 1938 plötzlich Herr Kern als rechtmäßiger Eigentümer der Liegenschaft in Erscheinung trat, obwohl die zwei alten jüdischen Damen damals noch im Haus wohnten, da ihnen ihre schwere Reise ohne Wiederkehr ins Konzentrationslager Ravensbrück erst bevorstand.

Eine mit mir befreundete Historikerin eruierte beim genauen Studium eines damals mit deutscher Gründlichkeit archivierten Akts des hiesigen Reichswirtschaftsamtes auch, dass Herr Kern bei jenem Amt nur einen lächerlich geringen Geldbetrag zu entrichten gehabt hatte, ehe er als neuer Eigentümer der Liegenschaft ins Grundbuch eingetragen wurde. Die erwähnte Historikerin entdeckte übrigens noch ein anderes bemerkenswertes Schriftstück, das aus dem Jahr 1938 stammt. Darin wird dem Untersturmbannführer Rupert Kern genehmigt, in seinem Haus ein Schreib- und Papierwarenhandelsgeschäft zu eröffnen.

Unbedingt erwähnen muss ich jetzt noch, dass David, der Sohn der Familie Böhm, im Jahr 1972 noch einmal seine alte Heimat besuchte. Nachdem er vorher nicht nur von mir, sondern auch von anderen Kontaktpersonen erfahren hatte, dass es sehr schwierig wäre, seine alten Besitzansprüche geltend zu machen, entschied er sich schließlich, dies erst gar nicht zu versuchen. Allerdings erlaubte er sich den Spaß, an einem Samstagabend – mit meiner Wenigkeit als Begleitschutz – die Familie Kern zu besuchen.

Nachdem das Familienoberhaupt persönlich die Wohnungstüre im ersten Stock geöffnet hatte, stellte ich ihm sofort meinen Begleiter vor mit den Worten: ‚Sehr geehrter Herr Kern, ich bringe ihnen den Herrn Universitätsprofessor David Böhm mit, der endlich zurückgekehrt ist in seine alte Heimat'.

Vorerst verschlug es dem Halunken die Sprache. Als er sich wieder vom ersten Schock erholt hatte, schrie er äußerst erregt: ‚Hier gibt es nichts zu holen für Sie, Herr Dr. Böhm. Ich habe dieses Haus rechtmäßig erworben. Das kann ich jederzeit belegen'.
Kurzzeitig rang er nach diesem Wutausbruch nach Luft wie ein Asthmakranker, ehe er uns schließlich aufforderte, das Weite zu suchen. Als wir vor der Haustüre kurz stehen blieben, entzückte uns noch das heftige Gezeter seiner Frau, das aus einem offenen Fenster des ersten Stocks entfleuchte. Zum Schluss keifte sie noch: ‚Ausgerechnet unser Jud ist zurückgekommen'.
Nachdem wir bereits das Gartentor in der Hand hatten, war der Herr Professor Böhm auf einmal gar nicht mehr glücklich mit unserer Aktion, da ihm diese letzten Endes zu frech, ich glaube er sagte sogar ‚viel zu frech' schien.
Deshalb ging er noch einmal zur Haustüre zurück und beruhigte die uns nachblickende Frau Kern, indem er zu ihr hinaufrief: ‚Beruhigen sie sich wieder, ich will doch weder dieses Haus zurückfordern noch eine finanzielle Entschädigung einklagen!'.

Ich selber war übrigens mit meinen Eltern schon im Jahr 1955 aus unserer alten Wohnung ausgezogen. Unser Verhältnis zum nunmehrigen, unangenehm gierigen und peniblen Hausherrn Kern hatte sich ständig verschlechtert. Dadurch, dass mein Vater als Beamter der Stadt Wien einige gewichtige Fürsprecher auf seiner Seite hatte, war es für uns gar nicht so schwer, eine schöne Gemeindewohnung im fünften Bezirk zu bekommen."

„Was du mir da erzählt hast, ist wirklich eine bemerkenswerte Geschichte. Da muss ich mich jetzt noch nachträglich dafür

entschuldigen, dass ich vorhin so unaufmerksam zugehört und dich deshalb wütend gemacht habe", sagte der Amtsrat Talwieser zu seinem Freund, nachdem ihn dessen eindringliche und ausführliche Schilderung sichtlich berührt hatte.
„Allerdings habe ich nicht ganz kapiert", äußerte Herr Talwieser jetzt noch „weshalb dieser blöde Nazi Rupert Kern für dich sozusagen ein Prototyp für einen Menschen ist, der sein schlechtes Gewissen locker abschütteln oder verdrängen konnte, indem er viele Jahre später schließlich selbst an seine erfundenen Lügengeschichten glaubte und immer noch glaubt."

„Ach, das konntest du ja wirklich nicht kapieren, ich Idiot habe jetzt wegen der vielen Einzelheiten glatt vergessen, das Wesentliche zu erzählen", antwortete Herr Höfinger, ehe er deshalb gleich ergänzte: „Aber nun weiß ich schon wieder, was ich unbedingt noch erwähnen muss, damit du verstehst, was es mit diesem Gewissen abschütteln und verdrängen auf sich hat.
Mein ehemaliger Arbeitskollege Kurt, mit dem ich mich auch als Pensionist noch einmal im Monat beim Heurigen treffe, erzählte mir – weil er meine Vorliebe für schöne Füllfedern kannte – dass ihm kürzlich bei einer großen gemeinsamen Veranstaltung der Wiener Briefmarkensammlervereine ein schmächtiger älterer Herr, der durchaus den Eindruck erweckt hatte, dass er mit sich und der Welt im Reinen sei, unter anderem gesagt hatte, dass er seit der vor mehreren Jahren erfolgten Schließung seines Papier- und Schreibwarengeschäftes beim Augarten noch etliche hochwertige Füllfedern und Büttenpapiere in seiner Wohnung aufbewahre, die er nun eventuell verkaufen würde.

Sofort hatte ich den Verdacht, dass es sich bei diesem Mann um den ehemaligen Nachbarn Rupert Kern handeln könnte. Eine Visitenkarte, welche der Kurt von ihm erhalten hatte, machte mir klar, dass ich mit meiner Vermutung absolut richtig lag. Als ich nun Lunte gerochen hatte, fragte ich den Kurt gleich, ob er sich mit dem Kern länger unterhalten habe. ‚Eher nicht', antwortete er, bevor er dann doch erwähnte, dass ihm dieser nur noch erzählte, dass er das angesprochene Geschäft jahrzehntelang geführt habe, nachdem er es – ebenso wie die darüber liegenden Wohnungen – in der Zwischenkriegszeit um sehr viel Geld einem jüdischen Geschäftsmann abgekauft hatte, der nach Amerika ausgewandert war, weil der Sohn dort unbedingt an einer Eliteuniversität studieren wollte und die Gemahlin als nahezu fanatische Verehrerin der amerikanischen Jazzmusik ständig von New Orleans und New York geträumt hatte."

Mit diesem derart verschachtelten Satz schloss Herr Höfinger endgültig seinen Bericht über einen gar nicht so untypischen österreichischen Landsmann, der sich für sein unmoralisches Verhalten nie entschuldigte, weil er ja längst seine Schuld verdrängt hatte.

Nachdem die Beiden beim Wirt ihre Zeche bezahlt hatten, spendierte dieser mit der Bemerkung, „auch die Weana sollen wissen, was gut und gesund ist", noch einen Enzianschnaps.
Diesen genossen sie sichtlich, danach nahmen sie den Rückmarsch ins Dorfzentrum wieder in Angriff. Vorerst stieg der Weg, der sich jetzt an einen schattigen Waldrand anschmiegte und schließlich auf einen Hügel hinaufführte, leicht an. Das war für

die beiden älteren Herrn Grund genug, schweigend und langsam voranzuschreiten. Dass diese Steigung nicht die einzige Ursache für ihr Bedürfnis nach innerer Einkehr war, liegt wohl auf der Hand. Der Nachhall des vorangegangen Gesprächs wird diesbezüglich wohl eine nicht unbedeutende Rolle gespielt haben. Kurz vor der Hügelkuppe führte ihr Pfad wieder vom schützenden Wäldchen weg. Als er bald danach eine saftige Wiese voller Margeriten in zwei beinahe gleich große Hälften teilte, ging es sogar leicht bergab, ehe der Weg dann schnurstracks auf eine zweite Hügelkuppe hinaufführte. Auf dieser genehmigten sich die Männer eine kleine Pause. Während sich der schon etwas müde gewordene Herr Höfinger auf den Boden setzte und mit seinem Feldstecher das gar nicht so weit entfernte Hochgebirge ins Visier nahm, pflückte Herr Talwieser schnell einen Strauß Margeriten für Rosa, die im Gasthof zur Post schon gekellnert hatte, als er noch mit seiner Frau dort logierte.

Die ersten dunklen Wolken, die der allmählich stärker werdende Westwind langsam ins Tal hineinwehte, beunruhigten den Oberbuchhalter Höfinger gleich derartig, dass er fürs Weitergehen plädierte.
Glücklicherweise hatten sie den Anstieg zur Hügelkuppe schon vollständig hinter sich gebracht, so konnten sie nun mit etwas schnelleren Schritten und viel langsamerem Pulsschlag hinunter wandern zum Postwirt. Dieses Gasthaus war ihnen inzwischen so vertraut geworden, dass sie an manchen Tagen das Gefühl hatten, hier ebenso zu Hause zu sein wie in ihren Wiener Wohnungen. Kurz bevor sie das Dorf erreichten, fiel Herrn Talwieser auf, dass die hereinziehenden Wolken an Geschwindigkeit verloren und

bisher erst ein Drittel des Himmels bedeckten. Deshalb erlaubten sie sich wieder ein gemächlicheres Tempo; am östlichen Dorfrand genehmigten sie sich auf einem von einer mächtigen Linde beschützten Bankerl sogar eine weitere kurze Rast.
Als Herr Höfinger sich abermals als erster zum Weitergehen bereit machte, sagte sein Freund plötzlich: „Bleib noch kurz sitzen, ich möchte dir etwas sagen, das mich gerade sehr beschäftigt hat."

„Es regnet wahrscheinlich eh noch nicht so bald wie wir ursprünglich befürchtet haben, wir können ruhig noch ein paar Minuten hier sitzen bleiben, damit du gleich loswerden kannst, was du unbedingt loswerden musst", erwiderte sein Begleiter.

„Erich, du weißt ja, dass mir die Nazis immer zuwider waren, deshalb hoffe ich, dass du mich jetzt nicht falsch verstehst, wenn ich vermute, dass dieser Rupert Kern nicht einer von den ganz üblen Typen ist."
„Wie meinst du das jetzt genau, Rudolf?"
„Ich glaube nämlich, dass er schon ein schlechtes Gewissen bekommen hat wegen seiner Gaunereien in der Nazizeit. Nachdem er weiß, dass der Professor Böhm nichts unternehmen will in Richtung Restitution, hätte es dieser Herr Kern ja gar nicht nötig gehabt deinem ehemaligen Arbeitskollegen eine derartige Lügengeschichte aufzutischen. Ich bin mir ganz sicher, dass er damit nur seine Schuld aus der Welt schaffen oder verdrängen will."
„Ja, in dem Punkt gebe ich dir absolut recht; irgendwann wird sein schäbiges Verhalten schon eine Bürde für ihn geworden sein. Trotzdem ist er mir zuwider, das steht ein für alle Mal fest."

„Dann wären wir uns ja wieder einmal einig, mein Freund, dann können wir jetzt wieder aufbrechen", sagte Rudolf Talwieser, als er bereits seinen Rucksack schulterte.

Nachdem die beiden Wanderer den letzten Abschnitt in 10 Minuten geschafft hatten, standen sie, als die Kirchturmglocken gerade die Abendandacht ankündigten, wieder vor dem Postwirt.
Nach einer kurzen Beratung entschieden sich die zwei Urlauber deshalb nicht für eine Ruhepause auf ihren Zimmern, sondern für ein sofortiges Abendessen in der Gaststube. Dieses mundete ihnen; dass Herrn Talwiesers Portion etwas größer war, könnte durchaus mit dem Margeritensträußchen für die Rosa zu tun gehabt haben.
Nach dem Speisen genehmigten sie sich noch ein kleines Fläschchen Rotwein, bevor sie kurz nach 20 Uhr in ihre Zimmer hinaufgingen.

Auf den letzten Metern zu ihren Zimmern beschlossen sie noch schnell, dass sie am nächsten Tag um acht Uhr frühstücken. Sie wollten, ehe die Sonne allzu kräftig auf die Erde strahlt, mit Herrn Höfingers betagtem Automobil zum Talschluss fahren. Dort stürzte seit Jahrhunderten oder gar Jahrtausenden ein mächtiger Wasserstrahl mit so viel Getöse von einem durchlässigen Kalksteinfelsen in ein tiefer liegendes kleines Flussbett, dass man bei diesem Spektakel durchaus von einem imposanten Naturschauspiel sprechen könnte. Viele Naturliebhaber waren übrigens der Meinung, dass dieser Wasserfall seinem viel berühmteren Bruder in Gastein das Wasser reichen kann.

Beide Herren saßen bereits im Frühstücksraum, als die Schläge der Kirchturmuhr den Beginn der achten Tagesstunde ankündigten.

Pünktlichkeit war beiden immer wichtig. Anderes kann man von einem Oberbuchhalter und einem Amtsrat auch gar nicht erwarten.

Als Herr Höfinger den ersten Bissen seines mit einer dünnen Schicht Butter bestrichenen Milchbrotes noch gar nicht vollständig hinuntergeschluckt hatte, legte Herr Talwieser schon los: „Dieser Rupert Kern hat mich gestern noch beschäftigt, als ich schon im Bett gelegen bin.

Vorerst habe ich überlegt, ob und unter welchen psychischen Belastungen oder politischen Machtkonstellationen auch ein bisher durchwegs korrekter Mann wie ich zu einer ähnlichen Schandtat fähig wäre.

Da ich danach nicht einschlafen konnte, bin ich noch einmal aufgestanden und in die Gaststube hinuntergegangen; ich hoffte nämlich, dass mir ein Glas warme Milch beim Einschlafen helfen könnte. Als ich mich nun abermals bemühte in einen tiefen Schlaf zu versinken, ist mir plötzlich eingefallen, dass mein Schwiegersohn kürzlich sehr wütend war auf den Direktor jener Schule, in welcher er mittlerweile schon zehn Jahre unterrichtet."

„Weshalb haben sich plötzlich dein Schwiegersohn und dessen Chef in dein müdes Hirn geschlichen und weshalb erzählst du mir das überhaupt; ich kenne doch deinen Schwiegersohn und diesen Schuldirektor gar nicht?"

„Ich glaube, dass ich nur deshalb an diese zwei Pädagogen gedacht habe, weil der Chef meines Schwiegersohnes – ebenso wie der Herr Kern – höchstwahrscheinlich auch zu jenen Menschen gehört, die sich mit einer Lügenschicht von der Bürde einer alten Schuld befreien wollten oder sogar befreien konnten."

„Wenn das so ist, interessiert mich dieser Schuldirektor sehr wohl. Insofern kannst du mir schon erzählen, was du von deinem Schwiegersohn erfahren hast. Wir haben ja genug Zeit, wir müssen ja nicht die ersten sein beim Wasserfall."

„Also, dann leg ich jetzt los. Ich werde versuchen, mich aufs Wesentlichste zu beschränken, damit wir nicht allzu spät von hier wegkommen."

„Lieber Rudolf, rede jetzt nicht lange herum und fang endlich an."

Nach dieser eindeutigen Aufforderung legte der Amtsrat sofort los: „Im September 1978 wurde ein junger Lehrer, der erst ein Dienstjahr hinter sich gebracht hatte, jener Hauptschule im Salzburger Seengebiet zugeteilt, in der mein Schwiegersohn damals schon einige Jahre unterrichtete. Der Neue war eigentlich ein netter Kerl. Dem Schuldirektor war er trotzdem vom ersten Tag an äußerst suspekt, wahrscheinlich war diesem die Haartracht dieses Lehrers zu langmähnig und dessen Kleidung zu salopp. Bei den Schulkindern war dieser Pädagoge allerdings beliebter als die anderen Lehrer; allein schon deshalb, weil sie von ihm öfter gelobt und seltener bestraft wurden. Trotzdem strahlte er die Autorität aus, die man haben musste, wenn man in diesem Beruf erfolgreich sein wollte. Bewundert wurde von den Schülern auch sein musikalisches Talent; immerhin beherrschte er gleich drei Instrumente. Dass er diese sogar in einer modernen Band spielte, war für viele Mädchen und Buben – wie sie zu sagen pflegten – der Oberhammer. Man kann sich vorstellen, dass ihn besonders die älteren Hauptschülerinnen schließlich fast so verehrten wie einen Hitparadenstar.

Im Übrigen war dieser junge Mann auch ein Mensch, der seine reformpädagogischen Ideen meistens sehr vehement vertrat. So kam es häufig zu emotionalen Debatten, in denen sich häufig nicht einmal die sozialdemokratischen Kollegen, obwohl sie von seinen Ansichten insgeheim sogar begeistert waren, auf seine Seite schlugen.
Immerhin verteidigten sie ihn hin und wieder, aber immer äußerst zaghaft, mit der nach kollegialer Milde heischenden Formulierung, dass er halt ein Künstlertyp und deshalb eben ein Freigeist sei.
Als eines Tages im Konferenzzimmer beraten wurde, ob eine Vierzehnjährige, welche einer Mitschülerin im Schulhof einen Joint verkauft hatte, sofort die Schule verlassen und in ein Internat für verhaltensauffällige Jugendliche gesteckt werden sollte, war der junge Reformpädagoge der einzige im gesamten Lehrkörper, der eine derartige Strafe für zu überzogen hielt.
Damit war er endgültig zum Außenseiter geworden. Richtig einsam fühlte er sich in diesem Konferenzzimmer, das gefühlsklimatisch betrachtet für ihn immer mehr zum eisigen Nordpolzimmer geworden war, als sich letzten Endes selbst die ihn bisher halbherzig unterstützenden sozialdemokratischen Kollegen kaum mehr mit ihm unterhielten.
Sein endgültiges Aus kam schließlich Ende Mai, weil er eine Anweisung des Direktors mit dem Argument, dass diese gegen einen wichtigen Paragrafen des Schulunterrichtsgesetzes verstoße, nicht befolgt hatte.

Als daraufhin der Schulinspektor durch einen geschwätzigen und karrieregeilen Parteikameraden von dieser Befehlsverweigerung erfahren hatte, bestellte er umgehend den Hauptschuldirektor in seine Kanzlei.

Schnell waren sich die beiden Herren, die – in der landesüblichen Art und Weise – wegen ihrer Funktionärstätigkeit bei einem konservativen christlichen Lehrerverein in ihre Führungspositionen gehievt worden waren, einig, dass man den renitenten Junglehrer endlich loswerden müsse.

‚Was können wir ihm ganz konkret vorwerfen', fragte deshalb der Schulinspektor gleich einmal seinen Gesinnungsgenossen.
‚Diese Befehlsverweigerung' antwortete der Herr Direktor schnell und selbstbewusst.
‚Damit können wir ihn leider nicht packen. Ich habe diesbezüglich schon unseren Schulrechtler kontaktiert und der meint auch, dass deine Weisung gesetzlich nicht gedeckt sei und wir deshalb einen anderen Grund für ein Disziplinarverfahren finden müssen', entgegnete der Schulinspektor.

‚Spontan fällt mir nichts wirklich Schwerwiegendes ein', bedauerte der Schuldirektor nach einer kurzen Phase intensiven Nachdenkens.
‚Dann werde ich ihn halt kommenden Montag gleich einmal inspizieren mit aller Schärfe, es wäre doch gelacht, wenn ich da gar nichts finden würde'.
‚Am Montag ist er nicht im Haus, ich habe ihm vorgestern gesagt, dass er seine vier Musikstunden in den beiden vierten

Klassen nicht halten muss, weil er doch vorige Woche in seiner Freizeit mit diesen Klassen zweimal in die Kammerspiele des Landestheaters gefahren ist; einmal zur Aufführung eines Musicals und ein anderes Mal zu einer Veranstaltung, bei der die Schüler mit den Künstlern sprechen und anschließend die Bühnentechnik besichtigen konnten'.

‚Was machen wir denn da' sagte der Schulinspektor nun, bevor er schließlich seinen Kopf zur Seite neigte und eine Zeit lang schwieg.

Danach ergriff er wieder das Wort: ‚Ich glaube jetzt weiß ich, wie wir das Problem lösen werden. Aber vorher musst du mir noch eine wichtige Frage beantworten'.

‚Und die wäre?'

‚Warst du allein mit ihm in deiner Kanzlei, als du ihm freundlicherweise diese Freistunden für den kommenden Montag versprochen hast?'

‚Diesbezüglich kann ich mit klarem Ja antworten'.

‚Dann ist das Problem gelöst, mein lieber Freund. Wir wissen schlicht und einfach am Montag, wenn ich in deine Schule zum Inspizieren komme, überhaupt nichts davon, dass du dem linken zotteligen Kollegen jemals diesen freien Vormittag genehmigt hast. Also brauchst du ihm am Dienstag in der Früh nur mehr schriftlich mitteilen, dass ich schon ein Disziplinarverfahren beantragt habe, weil er am Montag, als ich ihn inspizieren wollte, nicht zum Dienst erschienen ist, obwohl er laut Stundenplan zum Unterrichten eingeteilt war.

In ein paar Wochen ist er dann, wenn hoffentlich alles gut geht, abserviert. Da er als Vertragslehrer nicht pragmatisiert ist und

sich selbst seine Genossen nicht für ihn einsetzen werden, dürften wir bei unserem Vorhaben kaum auf Schwierigkeiten stoßen'.
‚Glaubst, können wir das wirklich machen, schließlich sind wir immerhin Funktionäre eines christlichen Lehrervereins' fragte der Direktor im ersten Moment etwas besorgt.
‚Für die Rettung des christlichen Abendlandes ist alles erlaubt, lieber Kollege' sagte daraufhin der noble Herr Schulinspektor ohne jedwede Ironie noch, bevor er seiner im Vorzimmer sitzenden Sekretärin befahl, zwei Schnapserl zu servieren.
‚Wenn wir die ausgetrunken haben, dann passt ja die Formulierung, dass wir uns was ausgeschnapst haben bestens' scherzte der Schuldirektor noch schnell, bevor die beiden Herrn zu den Gläsern griffen.
Nachdem er etwas später noch ein zweites Stamperl von diesem Vogelbeerschnaps trinken musste, trat er die Rückreise in sein Dorf an. Er wollte unbedingt in seinem neuen Haus gemütlich vorm Fernseher sitzen, wenn um 19 Uhr ein Fußball-Europaliga-Match angepfiffen wird."

„Mich würde interessieren, ob dieser biedere Befehlsempfänger in der folgenden Nacht gut schlafen konnte", fragte sich der stets korrekte Herr Höfinger sofort, als sein Freund die Schilderung dieses Falles beendet hatte.
Dann sagte er noch: „Das ist ja eine unglaubliche Sauerei, ich hätte nicht gedacht, dass so etwas in unserem Land noch möglich ist."

Nach einer kurzen Gesprächspause ergriff noch einmal Herr Talwieser das Wort. Es war ihm plötzlich eingefallen, dass er das Ende dieser Geschichte noch gar nicht erzählt hatte. Deshalb fügte er jetzt das Folgende an: „Der junge Lehrer wurde im Disziplinarverfahren aus taktischen Gründen nur zu einer einmaligen Gehaltskürzung verurteilt. Im Zuge dieses Verfahrens hat nämlich mit großer Genugtuung jemand eruiert, dass man nur seinen Dienstvertag als Vertragslehrer nach dem Ende des Schuljahres nicht mehr verlängern müsste."

„Jetzt fällt mir aber ein", urgierte nun Herr Höfinger obwohl er schon langsam zum Auto gehen wollte „dass du mir, lieber Rudolf, eingangs gesagt hast, dass du diesen Fall eigentlich wegen seiner Parallele zum gestrigen Gesprächsthema schildern wolltest. Deshalb solltest du jetzt endlich darauf zu sprechen kommen, wie dieser Schuldirektor mit seinem Schuldgefühl fertig geworden ist."

„Ja, da hast du absolut recht, Erich", antwortete Rudolf Talwieser noch, bevor er endlich zum Wesentlichen kam: „Der Grund, weshalb ich dir diese Geschichte eigentlich erzählt habe, ist ganz sicher der, dass dieser Schuldirektor bereits einige Jahre später, immer wenn die Entfernung dieses Lehrers aus dem Schuldienst bei irgendeiner Gelegenheit zufällig aufs Tapet kam, bisher ganz ähnlich reagiert hat wie dein Herr Kern in seiner Angelegenheit. Überall posaunt er nämlich bis heute herum, dass der betreffende junge Lehrer damals mit Schülerinnen einen zu kameradschaftlichen Umgang pflegte. Zudem dichtete er ihm noch an, dass er schließlich geisteskrank – eigentlich sogar total verrückt – geworden sei und deshalb aus dem Schuldienst entfernt werden musste. Und wenn ein Gesprächspartner nachfragt, wie sich denn diese Verrücktheit konkret gezeigt habe, wird er nicht müde völlig absurde, erfundene Geschichten aufzutischen. Meistens erzählt er dann auch, dass dieser Lehrer selbst an den allerkältesten Wintertagen statt einer warmen Wollmütze einen leichten Strohhut am Kopf hatte und außerdem bei einem Schülergottesdienst in der Pfarrkirche mit der Orgel nicht die üblichen Kirchenlieder, sondern ein paar Hitparadenschlager gespielt hatte. Dass der Direktor inzwischen diese absoluten Lügengeschichten gänzlich ungeniert auch den Lehrern auftischt, die im betreffenden Zeitraum bereits in seiner Schule unterrichtet haben und deshalb die wahre Geschichte kennen, hat eben, wie ich vorhin erwähnt habe, meinen Schwiegersohn sehr geärgert.

Für mich ist das allerdings ein Hinweis, dass dieser Lügenbaron, ebenso wie der Herr Kern, derart ausgedachte Geschichten inzwischen schon selber glaubt, weil er sich mit dieser Psychohygiene sozusagen Gutes tun will oder muss. Schließlich befreit er sich damit von jeglicher Schuld.

Vor ein paar Wochen habe ich mir – nebenbei bemerkt – einmal gedacht, dass die meisten Psychotherapeuten arbeitslos wären, wenn es nur solche Psychohygieniker geben würde wie den Herrn Kern und diesen Schuldirektor. Allerdings ist mir dann sofort eingefallen, dass andererseits ja derartige Psychohygieniker zumindest ihre sensiblen Opfer in die psychotherapeutischen Praxen treiben werden."

„Das war aber eine verdammt schwere Kost, die du mir gleich zum Frühstück aufgetischt hast, mein lieber Rudolf", sagte sein Freund Erich, als er sich schon bereit machte zum Aufbruch.

„Spätestens beim Wasserfall wirst du nicht mehr an meinen Wortschwall denken", spöttelte Rudolf, als auch er von der hölzernen Sitzbank im Frühstückszimmer aufstand.

Inzwischen war es schon halb zehn geworden. Die Sonne hatte bereits derart viel Kraft, dass sie die Glatzen der beiden Herren so spürbar wärmte, dass sie auf dem Weg vom Postwirt zur Tabaktrafik zu den federleichten Schirmmützen griffen, welche sie in ihren Sommersakkos verstaut hatten.

Amtsrat Talwieser musste sich noch Zigarren kaufen bevor sie losfuhren und für Oberbuchhalter Höfinger war es eine langjährige Gewohnheit geworden, täglich wenigstens eine Zeitung zu lesen. Deshalb griff er in der Trafik gleich zu jener Tageszeitung, welche er auch in seinem Wiener Kaffeehaus immer als erste las. Er hatte sie noch nicht bezahlt, als er spontan loslachte.

„Was ist los, weshalb lachst du plötzlich so", wollte sein Freund Talwieser natürlich gleich wissen.

„Auf der Titelseite lautet die heutige Schlagzeile: Oppositionsparteien kritisieren die neuerliche Regierungsumbildung."

„Was ist daran so witzig?"

„Eigentlich nichts, ich habe ja nur deshalb so gelacht, weil ich irrtümlich gelesen habe:

Oppositionsparteien kritisieren die neuerliche Regierungsunbildung."

Diese Erklärung hatte zur Folge, dass nun auch der Trafikant hellauf lachte.

Auf dem Weg von der Trafik zum Auto, das sie hinter einem Nebengebäude des Postwirts geparkt hatten, bestaunten sie auch an diesem Tag wieder die Blumenpracht in jenem kleinen Vorgarten des Gemeindeamtes, welcher seit Jahren von der Gemahlin des Amtsleiters unentgeltlich und mit viel Liebe gepflegt wird.

„Diese Frau hat wahrlich einen grünen Daumen", sagte Herr Talwieser im Weggehen.
„Die kenne ich schon lange", antwortete Herr Höfinger, ehe er zur Überraschung seines Freundes noch anfügte:
„Sie ist wirklich ein farbiges Wesen mit ihrem grünen Daumen für Blumen und ihrer schwarzen Lunge vom Kettenrauchen."
„Strebst du eine Karriere als ‚Altsatiriker an, lieber Erich?"
„Eher nicht, aber wenn ich mit einer satirischen Betrachtungsweise solche Kerle wie den Schuldirektor oder diesen Kern besser verkraften könnte, müsste ich es mir noch überlegen."

Als die beiden Freunde bei ihrer Ausflugskutsche angekommen waren, mussten sie wegen der unerträglichen Hitze im Wageninneren vorerst einmal alle Türen aufreißen. Deshalb sagte der Herr Talwieser: „Eigentlich wäre es mir eh lieber, wenn wir uns jetzt nicht ins Auto setzen und stattdessen noch einmal zum Moorsee hinauf gehen würden. Es ist doch ein wunderbarer Badetag heute, oder?"
„Mich lockt allein schon der gute Enzianschnaps in die Jausenstation", antwortete sein Kamerad mit einem schelmischen Grinsen im Gesicht, als sie losmarschierten.

Sommertage in Riedersbach

Der Fluss, welcher im Oberlauf noch ein ziemlich wilder Kerl ist, zeigt sich im Grenzgebiet zwischen den Bundesländern Salzburg und Oberösterreich gewöhnlich von seiner gutmütigen Seite. Recht gemächlich fließt er dort durch eine unberührte Aulandschaft der Staatsgrenze entlang.

Als man nach dem Ende des Zweiten Weltkrieges im Bauch einer östlich davon gelegenen Hügelkette Braunkohle fand, schlug man eine breite Schneise in die Auwälder. Es war notwendig geworden, Wohnungen für die mit allerlei Versprechungen herbeigelockten Bergarbeiter zu bauen. Diesen wäre es allerdings lieber gewesen, wenn ihre Arbeitersiedlung in dem auf der Hügelkette thronenden Dorf errichtet worden wäre; die Bauern opferten aber keinen einzigen Quadratmeter ihres Bodens für die ihnen so fremden Kumpel. Damit legten sie den Grundstein für eine jahrzehntelang währende Feindschaft. Viele Dörfler protzten fortwährend mit ihrer durch Geld und Herkunft genährten Macht, alle Bergmänner stets mit ihrem proletarischen Stolz, und beide, wenn sie aufeinandertreffen, mit ihrer Muskelkraft. Vorwiegend an den Sonntagen knallte man sich die Bierkrüge auf die Schädeldecken und die Fäuste aufs Kinn oder in die Leber.

Es dauerte tatsächlich ein paar Jahrzehnte bis es wieder friedlich wurde in diesem schönen Landstrich. Die roten Arbeiter begnügten sich irgendwann damit, dass sie die politische Macht in der Gemeinde erobern konnten; die alteingesessenen Dörfler ahnten, dass die ihnen verbliebene wirtschaftliche Macht – selbst wenn sie diese mit den Besitzern des Bergwerkes teilen mussten – viel wichtiger war.

Immer mehr entwickelte sich hier im Lauf der Zeit eine Kommune der getrennten Wege. So entstanden in der eher kleinen Gemeinde schließlich zwei Volksschulen, zwei Fußballvereine und zwei Kirchen – eine katholische oben und eine evangelische unten. Friedhof gibt es allerdings bis heute nur einen. Gewöhnlich ist es den einfachen Leuten ja egal, wo und neben wem sie von den Würmern gefressen werden.

Grenzüberschreitungen der Lebenden wurden nicht geduldet. Nachdem der rote Bürgermeister eines Tages auch die Weihnachtsfeier des schwarzen Fußballvereins besucht hatte, behandelten ihn seine Genossen aus der Arbeitersiedlung plötzlich wie einen ehrlosen Verräter; als eine Bauerntochter aus dem Dorf es wagte, einen Betriebsschlosser des Bergwerkes zu ehelichen, wurde sie von ihrem Vater sofort enterbt.
Ich lernte diesen eigenartigen Ort im Volksschulalter kennen. In den Ferien wurde ich nämlich immer für einige Wochen bei meinen dortigen Großeltern einquartiert. Mein Großvater war als Hauer tätig, meine Großmutter führte umsichtig und mit großer Liebe den Haushalt. Ihre Nachbarn in den grauen Wohnblöcken der Bergwerkssiedlung waren durchwegs herzensgute Menschen, sofern sie von den Dörflern oder von den Werksdirektoren nicht unnötig gereizt wurden. Damit legten die Menschen in der Siedlung den Grundstein für meine bis heute anhaltende Liebe zum Proletariat.

So intolerant die Knappen aufgrund ihres langjährigen Dorfkrieges gegenüber den sogenannten besseren Leuten von außerhalb waren, so tolerant waren sie zu den Ihrigen. Besonders die Alten hatten eine Narrenfreiheit, die heutzutage nur mehr den betagten Menschen in verschiedenen Entwicklungsländern und in Romasiedlungen gewährt wird.

Selbst als ein grauhaariger Rentner eines Tages im Suff ein Hitlerbild ins Fenster stellte, konnte sich niemand dazu durchringen dem alten Wirrkopf ordentlich die Leviten zu lesen. Eines Tages raffte sich die Knappenmusikkapelle – zwar widerwillig, aber immerhin – sogar dazu auf, für den alten Knacker den Badenweilermarsch zu spielen. Ich weiß noch, dass das meinen Vater vorerst ordentlich empörte und ihn mein Opa bald wieder beruhigen konnte mit der Empfehlung, dass er das Ganze nicht so streng sehen dürfe, weil alte einfältige Menschen ja sowieso erziehungsresistent sind und außerdem nicht mehr so viel Einfluss auf die jungen Leute haben, dass sie diese politisch versauen könnten.

„Grundsätzlich haben auch die Dummen jedes Recht auf freudige Momente in ihrem Leben; selbst wenn diese manches Mal sehr fragwürdig sind", ergänzte er noch.

Mein Opa war überhaupt ein Kerl, der bei allen möglichen Verrücktheiten nicht nur beide Augen zudrückte, sondern bei vielen sogar mitmachte, wenn er damit anderen eine Freude machen konnte.

Nachdem mir seinerzeit die Tante Rosa eine grüne Kindergitarre aus Plastik geschenkt hatte, spielte ich den Leuten bei allen möglichen und unmöglichen Gelegenheiten zum Tanz auf, indem ich unentwegt – und leider auch unrhythmisch – mit meiner ungelenken Kinderhand über die Saiten rumpelte. Die Eltern ignorierten, als ich hin und wieder in unserem Wohnzimmer spielte, mein Geklimper total. Manche unserer Besucher blickten kurz zu mir herunter und sagten dann scheinheilig „Schön spielst du."

Als ich allerdings einmal in der Küche meiner Großeltern musizierte, schnappte sich der Opa seinen Nachbarn, der gerade auf ein Bier herübergekommen war, und fegte mit diesem im Tangoschritt durch die Küche. Die Oma stampfte mit ihren Krampfaderfüßen ausgeflippt in den Boden und klatschte mit ihren gichtigen Händen den südamerikanischen Rhythmus während am Kuchlherd die kochende Polenta blubberte. Wahrscheinlich blubberte auch diese so lange im erotischen Tangotakt, bis sie mit dem umrührenden Kochlöffel wieder zurechtgewiesen wurde.

Ein einziges Mal durfte ich mit dem Großvater in die Grube einfahren. Irgendwie erinnerte mich diese Welt unter Tage an die Beschreibung, mittels derer uns der Religionslehrer die Hölle begreifbar machen wollte. Viele Knappen mussten stundenlang in gebückter Körperhaltung arbeiten; als Jahre später im Geographieunterricht der Hauptschullehrer die Worte Bucklige Welt auf die Tafel schrieb, musste ich sofort an diese schwitzenden und verrußten Kollegen meines Opas denken, die in den engen und staubigen Stollen derart schufteten, dass die Lebensenergie bei vielen schon vor dem Erreichen des Rentenalters verbraucht war.

Trotz allem war diese harte Arbeitswelt unter Tage immer wieder für einige Minuten eine lustige Welt. Diesen Eindruck gewann ich zumindest aus den diversen Schilderungen der Knappen im Gasthaus 'Zum Bergmann'. Dort durfte ich mit meinem Großvater sogar am Stammtisch sitzen; vermutlich wollte er seinen Kumpeln demonstrieren, welch braves Enkerl er an seiner Seite hat.

Hier schnappte ich auch die folgende Geschichte auf: „An einem trüben Dezembertag inspizierte der Berghauptmann überraschend zwei Stollen, welche in den letzten Monaten in den Berg geschlagen worden waren. Diesem honorigen Herrn war die Einhaltung diverser Vorschriften, zu denen auch ein absolutes Alkoholverbot zählte, stets ein Anliegen.

Zwei Arbeiter, der Wasserbüffel und der Johnny, konnten ihre geleerten Bierflaschen gerade noch notdürftig mit Grubenerde bedecken, ehe der hohe Beamte im Range eines Hofrates vor ihnen stand.

Dieser erwiderte im gebückten Vorbeigehen freundlich ihren Gruß und wünschte, als er doch noch kurz anhielt, alles Gute für das vor der Tür stehende Weihnachtsfest. Beim Weggehen verursachte sein rechter Schuh plötzlich einen gläsernen Klang, der ihn sehr stutzig machte. Im Nu hatte sein eifriger untertäniger Adlatus eine leere Bierflasche der Stiegl-Brauerei ausgebuddelt, auf deren Etikett bekanntlich nicht nur der Name, sondern auch das Gründungsjahr dieses Brauhauses prangt. Mit vorwurfsvollem Blick hielt nun der Berghauptmann – auf die Reue der Übeltäter wartend – diesen die Flasche, welche ihm sein Adlatus überreicht hatte wie eine Trophäe, direkt vors Gesicht. Der Wasserbüffel bekam sofort einen knallroten Schädel. Viel gekonnter meisterte der Johnny diese brenzlige Situation. In seiner für ihn typischen Art wandte er sich, nachdem er das Etikett unter die

Lupe genommen hatte, flugs an den ehrwürdigen Hofrat mit folgender Bemerkung: ‚Ich wusste gar nicht, dass hier bereits seit dem Jahr 1492 Bergbau betrieben wird'.
Nun fing der edle Herr, der jetzt eigentlich eine Schimpfkanonade abfeuern wollte, hellauf zu lachen an. Kopfschüttelnd ging er schnell weiter samt seinem gehörig irritierten Gehilfen und mit den resignierenden Worten ‚Oh Johnny, oh Johnny'."

Dieser Johnny, der eigentlich Günther hieß, kam aufgrund seiner Schwärmerei für alles Amerikanische, für die Countrymusik ebenso wie für den Whiskey und die Hobos, zu seinem Kosenamen.
Auf der Geburtsurkunde des Wasserbüffels steht der Vorname Alfred. Dieser gutmütige und ehrliche Koloss trank nämlich – entgegen den hier üblichen Sitten – zumindest damals mehr Wasser als Bier, was allerdings nicht heißen soll, dass er wenig Bier hinunterzischte.

Ab dem neunten Lebensjahr war ich in den Ferienmonaten seltener mit meinem Großvater unterwegs. Die Kinderbande der Bergarbeitersiedlung, welche für die Dörfler einfach die Werkssiedlung war, hatte für mich nun mehr Anziehungskraft. Sehr oft strolchte ich mit dieser Gang in der Aulandschaft des Flusses umher. Dort lernte ich unter anderem das Schwarzfischen, das Lianenrauchen und das Ringelnatterfangen. Manchmal schlenderte ich mit den neu gewonnenen Freunden auch zu einem nicht allzu weit entfernten Bauernhof. Dort fütterten wir die Hühner so lange mit in Schnaps getränkten Maiskörnern bis sie rauschig wurden.

Weil sich an einem überraschend kühlen Julitag bei unserem Häuptling plötzlich ein quälendes Hungergefühl bemerkbar machte, robbten wir genau so, wie es dieser in einem Indianerfilm gesehen hatte, an den Bäckerladen heran. Dann warteten wir vorerst einmal bis sich die Bäckerin in ihre dahinterliegende Wohnküche zurückgezogen hatte. Flugs rannte nun ein durch das Los dazu bestimmter Knabe in den kurzfristig leeren Verkaufsraum. Dort klebte er schnell einen Zettel an die Wand, auf den wir in halbwegs schöner Schulschrift ‚100 Semmeln oder tot' geschrieben hatten. Unsere mutige Tat löste beim Bäckerehepaar zwar nicht gerade Angst und Schrecken aus, aber immerhin Mitleid oder Mitmenschlichkeit. Wir mussten gar nicht lange warten bis der Meister seelenruhig vor sein Geschäftslokal trat und uns zehn Semmerl auf die südseitig gelegene Hausbank legte.

Als ich diese alte Bubengeschichte kürzlich meiner nun schon erwachsenen Tochter erzählte, sagte sie, nachdem sie kurz nachgedacht hatte, mit einem breiten Grinsen im Gesicht: „Das war ja ein sehr eigenartiges Bankgeschäft".

Kurz vor dem Ende meiner Pflichtschulzeit verstarb mein Großvater im 61. Lebensjahr an der gefürchteten Staublunge. Diese hat schon immer bewirkt, dass aus stolzen Grubenarbeitern ziemlich schnell erbärmliche Atemkrüppel geworden sind.
In einem Friedhof könnte man anhand der Grabinschriften, wenn man nur auf das erreichte Alter der Verstorbenen achten würde, leicht erkennen, in welchen Gräbern Bergarbeiter ruhen. So gesehen könnte man sich das Eingravieren ihres Berufs sogar ersparen und das dadurch zur Verfügung stehende Geld arbeits-

losen Kumpeln schenken, damit diese bei einem Gasthausbesuch an einem hohen Feiertag einmal üppig konsumieren können.

Meine liebenswürdige Riedersbacher Oma entschied sich bereits drei Wochen nach dem Tod ihres Mannes, diesem ins Jenseits zu folgen. Offenbar war für sie das Leben ohne ihren geliebten Ehemann völlig sinnlos.

Seitdem meine Großeltern unter der Erde lagen, fuhr ich kaum mehr in ihren langjährigen Wohnort. Nur am Allerheiligentag besuchte ich – vorerst mit meinen Eltern und später sogar mit meiner eigenen Familie – alljährlich das Familiengrab. Dieses war etwas pompöser als die umliegenden Ruhestätten; immerhin war mein Großvater in seinem letzten Dezennium ein sehr angesehener Hauer gewesen.
Nach dem Friedhofsbesuch speisten wir jedes Jahr im Gasthof ‚Zum Bergmann'. Bei der anschließenden Heimfahrt erzählte ich meistens einige Streiche aus jenen Sommertagen, welche ich als Kind in Riedersbach begeistert verbracht hatte.

Nachdem sich die Leitung des in unmittelbarer Nähe angesiedelten Heizkraftwerks dazu entschlossen hatte, nur mehr die erheblich billigere polnische Importkohle zu verheizen, wurde der Kohleabbau einige Jahre vor der Jahrtausendwende eingestellt. Nach und nach verließen die jüngeren, arbeitslos und hoffnungslos gewordenen Menschen, die Knappensiedlung. Die Alten blieben traurig zurück, träumten von den vergangenen ereignisreichen Jahrzehnten und warteten oft vergeblich auf die Wochenendbesuche der hauptsächlich in die Stadt Salzburg abgewanderten Kinder.

Hin und wieder treffe ich noch einen Freund oder eine Freundin aus dieser fernen Kindersommerzeit. Einige fanden eine Arbeit in Fabriken am Rand der Salzburger Landeshauptstadt, andere wurden in dieser Kulturhochburg Vertragsbedienstete beim Städtischen Bauhof. Zwei leben heute in Kärnten. Dort arbeiten sie nach einer Umschulung im Gastgewerbe. Einer entschied sich für einen Job bei der Wildbachverbauung im gebirgigen Pinzgau. Manche von ihnen sind leider gestrauchelt.

Der Wasserbüffel landete nach einer relativ langen Arbeitslosigkeit in einem Salzburger Briefverteilzentrum der Post, in welchem er zwanzig Gramm leichte Briefe in diverse Fächer werfen musste, obwohl er auch weiterhin kräftig genug gewesen wäre, zwanzig Kilogramm schwere Gesteinsbrocken in den Grubenhunt zu schmeißen. Ich traf ihn eines Tages zufällig in einem Arbeiterlokal, das ihm in der fremden und hochnäsigen Kulturstadt zur Heimat geworden ist. Wenn in diesem Beisl – meist am frühen Abend – die Seemannslieder des Wieners Freddy Quinn gespielt wurden, flossen ihm regelmäßig ein paar Tränen über die Wangen obwohl er nie als Matrose durch die Weltmeere gepflügt war.

Den Johnny traf ich nach der Schließung des Bergwerks nie mehr. Irgendwann erfuhr ich, dass dieser ehemalige Kumpel, als er wieder einmal arbeitslos war, bei einer rasanten Fahrt mit seinem amerikanischen Motorrad, das er voller Stolz einst gekauft hatte, verunglückt war. Wahrscheinlich war ihm bei dieser Ausfahrt jedes Risiko recht. Nachdem man ihm seine reale Welt im Berg für immer weggenommen hatte, musste er eben riskanter durch seine Traumwelt fegen. In seiner Welt hatten sich wahrscheinlich so manche österreichischen oder deutschen Autobahnen schon längst in amerikanische Highways verwandelt.

Das französische Lüfterl

Im Mai 1968 blies ein schon tagelang durch Paris fegender revolutionärer Sturmwind auch in andere europäische Städte. Als revolutionäres Lüfterl wehte er in manchen Ländern selbst in abgelegene Täler. Mein Land erreichte er damals noch nicht. Unsere Lehrer atmeten deshalb erleichtert auf und waren glücklich, weil sie dadurch weiterhin meist anständigen Kindern und Jugendlichen in einem vermeintlich anständigen Staat ungestört lehren konnten, wem man zu gehorchen hatte und wem man in den Arsch treten durfte.

„Die meisten meiner Mitschüler tun bis heute was sie seinerzeit gelernt haben", dachte ich mir kürzlich beim x-ten Klassentreffen unter lauter sogenannten anständigen Burschen und Burschenschaftern. Mädchen gab es in unserer Klasse nicht; ich besuchte eine Handelsakademie. Gerade in diesem Schultyp hatte man seinerzeit noch die Befürchtung, dass das Sexuelle die Entwicklung des Kommerziellen behindern könnte. Heute weiß man es besser, es wird nämlich derzeit nirgends so viel gefickt und gehurt wie in Stadtvierteln der Londoner und New Yorker Börsen-Boys und Banken-Schicksen.

Obwohl das französische 68er Lüfterl erst vierzig Jahre später in mein österreichisches Provinzstädtchen hauchte, wehte es ab 1970 hin und wieder ein paar Tage lang durch einige österreichische Universitätsstädte. Einmal blies es den Leugnern der Nazi-Verbrechen so stark in die Gesichter, dass sich diese röteten; kurzzeitig zwang es sogar die selbsternannten Bezirks- und Landesjägermeister der zahlreichen Ausländerjäger derart in die Knie, dass man fast glauben konnte, die Ausländerheger hätten Oberwasser bekommen.

Dass dieses französische Lüfterl – mit erheblicher Verspätung – vor kurzem auch unser Städtchen erreichte, war für mich und die meisten meiner Freunde eine große Überraschung. Ich weiß allerdings gar nicht, ob ich die Umstände, die dies ermöglichten, als glückliche oder als unglückliche Fügung bezeichnen soll. Ich überlasse dem Leser die Beurteilung des Geschehens, das ich nun zur Sprache bringe:
In einer der Fabriken am nördlichen Rand unseres Industriestädtchens wurden gemäß den Wünschen der amerikanischen Eigentümer Hygieneartikel produziert, bis man dort allerdings begann, immer mehr Arbeitslose zu produzieren. Etliche Monate später wurde die Produktion stillgelegt, obwohl man immer noch positiv bilanziert hatte. Die Arbeiter wurden bis zuletzt von der Konzernmutter durchwegs gelobt; in früheren Jahren wurden sie sogar mehrmals mit fetten Sonderprämien verwöhnt. Allein schon deshalb kam die Fabriksschließung, von der ungefähr einhundertfünfzig Beschäftigte betroffen waren, für die Belegschaft völlig unerwartet.
Einige Mitarbeiter wurden von einer deutschen Niederlassung der amerikanischen Konzernmutter übernommen, die meisten waren allerdings gezwungen, das unbewaffnete Heer der Arbeitslosen in unserm Bezirk zu verstärken. Drei junge Arbeiter schickte man, etliche Wochen bevor auch sie die Kündigung erhielten, noch in einen französischen Tochterbetrieb des weltweit agierenden Konzerns, um dort jene Maschinen aufzubauen, welche an ihrem früheren Arbeitsplatz gerade abgebaut worden waren.

Da bemerkten sie, dass in diesem westeuropäischen Land das Arbeitsumfeld für die Beschäftigten viel angenehmer war als jenes in ihrer österreichischen Heimat.

Einer der neuen Arbeitskollegen erzählte ihnen zum Beispiel, dass die französischen Werktätigen immer schon, zumindest von der Pariser Kommune 1789 bis heute, vehement für das Erreichen ihrer Ziele gekämpft hatten und dass es dadurch weitestgehend gelang besonders unmenschliche Maßnahmen der Arbeitgeber zu verhindern. „Diese historische Entwicklung stärkte vermutlich das Selbstbewusstsein der Unternommenen derart, dass sie die französischen Unternehmer immer wieder dazu zwingen konnten für ein humaneres Arbeitsklima zu sorgen", fügte er schließlich noch hinzu, bevor er seine Arbeit wieder aufnahm.

Nahezu täglich erfuhren die Unsrigen, die nun erstmals in ihrem Leben sogenannte Gastarbeiter waren, interessante Neuigkeiten. Vor allem die folgenden überraschten sie:

Für Produktionsschritte, welche in Österreich drei Arbeiter schaffen mussten, wurden in Frankreich – nach einer Intervention des Betriebsrates – sofort fünf Arbeiter eingestellt.

Zudem wurde jeder einzelne Hackler vor jeder Schicht vom Meister persönlich begrüßt; wenn dabei ein kleines Schwätzchen zustande kam, das den Arbeitsbeginn etwas nach hinten rückte, störte das keine Sau. Das Kantinenessen hatte meistens Restaurantqualität, in etlichen Fabriken aß man anscheinend an manchen Tagen derart vorzüglich, dass manch einer, der eigentlich schon lange nicht mehr an Gott geglaubt hatte, plötzlich sagte, er hätte wie Gott in Frankreich gespeist.

Ein Manager, der in der Stadt Lyon an die Schließung einer Produktionsstätte dachte, wurde von den Arbeitern in seinem

Chefbüro eingesperrt, nachdem man dort eine Kiste mit Mineralwasser für ihn deponiert und seiner Frau telefonisch mitgeteilt hatte, dass der Herr Gemahl sich etwas verspäten werde.

In Frankreich bekamen die Arbeiter aus unserem Städtchen viel öfter Demonstrationen zu sehen als in ihrer Heimat. Ein Gewerkschafter erklärte ihnen diesbezüglich einmal, dass derartige Kundgebungen die historische Tradition einer Demokratie beleben, welche Freiheit, Gleichheit und Brüderlichkeit auf der Straße erkämpft hat.

Außerdem stellten die drei österreichischen Gastarbeiter einen markanten Unterschied hinsichtlich des Arbeitstempos fest. Dieses war im französischen Werk erheblich gemütlicher. Wenn sie dort während der ersten Arbeitstage im für sie gewohnten Tempo schufteten, wurden sie von ihren französischen Kollegen mit jener Handbewegung, die einem entgegenkommenden Autolenker anzeigt dass er wegen einer versteckten Radarkontrolle die Geschwindigkeit reduzieren sollte, darauf aufmerksam gemacht, dass sie zu schnell arbeiten. So lernten sie peu à peu das französische Arbeitsklima kennen und lieben.

Als sie ihre Maschinen aufgebaut und die französischen Kollegen darauf eingeschult hatten, wurden sie von der Konzernmutter wieder in die Heimat zurückbeordert und danach sofort gekündigt. Dadurch wurden aus österreichischen Gastarbeitern von einem Tag auf den anderen österreichische Arbeitslose.
„Die Arbeitslosigkeit werde ich vorerst ein paar Monate hinnehmen und teilweise sogar genießen können; sobald ich wieder

einen Job annehme, lass ich mir nicht mehr so viel gefallen wie früher", sagte der Peppi, der sich nun Pepü nannte, als ich ihn und seine Arbeitskollegen einige Tage nach ihrer Rückkehr in meinem Stammlokal, dem Stadtkeller, traf.

„Ich habe kürzlich immer wieder gesehen, dass es auch anders geht", fügte sein Arbeitskollege Albert hinzu, der jetzt das „t" in seinem Vornamen weglässt wenn er ihn ausspricht.

„Ich wünsche mir, dass hier ab sofort ein anderer Wind weht", monierte noch der dritte Franzos, bevor er seine Forderung etwas abschwächte mit dem Halbsatz „ein anderes Lüfterl wenigstens."
So kam also das bereits erwähnte französische Lüfterl eines Tages doch noch bei uns an. Die Veränderungen, die es bisher bereits verursacht hatte, obwohl es eher in unser Städtchen hauchte als wehte, sind schon so spürbar, dass ein alter Freund, der mich letzte Woche besucht hatte, scherzte: „Falls es in Österreich jemals eine Revolution geben sollte, dann am ehesten noch hier."

Dass inzwischen bei uns wirklich schon einiges anders geworden war, haben wir auch dem emeritierten Universitätsprofessor Dr. Karl Scharnberger zu verdanken. Dieser etwa 70 jährige Mann, welcher lange an der Universität Linz Volkswirtschaftstheorie gelehrt hatte, war als deklarierter Linker bei seinen Studenten beliebter als im Professorenkollegium. Sehr gefragt waren jene Seminare, in denen er sich mit der marxistischen Wirtschaftstheorie beschäftigte. Dass ihm gerade dieses Thema wichtig war, ist für viele seiner Mitbürger aufgrund des weitum bekannten Faktums, dass er aus einer der reichsten Familien unseres Nachbarortes stammt, sehr merkwürdig. Weshalb also genau dieser, nun schon weißhaarige, etwas gebückt gehende und ganz leise sprechende Mann vor etlichen Jahrzehnten ein so genannter linker Professor geworden ist, war auch mir anfangs ein Rätsel. Als ich es lösen wollte antwortete er mir auf meine diesbezügliche Frage mit dem etwas trotzig in den Raum geworfenen Satz: „Das ist eine logische Folge meiner langjährigen wissenschaftlichen Analysen – wohlgemerkt meiner marxistischen wirtschaftspolitischen Analysen und nicht irgendwelcher sowjetpolitischer Analysen. Schon während meiner zweijährigen Tätigkeit als junger Gastdozent in Chile, wo damals der großartige und mutige Salvador Allende als Staatspräsident amtierte, beschäftigte ich mich beispielsweise sehr intensiv mit allen Bänden des Werkes Das Kapital und mit den Büchern von Ernest Mandel."

Weshalb der Herr Professor nach dem Ende seiner langjährigen Lehrtätigkeit gerade in unsere Gegend gekommen ist, ist allerdings offensichtlich: So wie bei vielen anderen Menschen im fortgeschrittenen Alter entwickelte sich auch bei ihm eine starke Sehnsucht, zu den Orten der Kindheit zurückzukehren. Zudem wollte er sich endlich mit mehr Engagement um die zwei Häuser und die Fischgewässer kümmern, die er von seinem verstorbenen, ledig und kinderlos gebliebenen Bruder geerbt hatte. Da es ihm bald nach der Übersiedlung in seinen zwölf Kilometer von unserer Stadt entfernten Geburtsort sehr bald zu eng wurde, mietete er im Zentrum unserer Kleinstadt eine schöne Parterrewohnung samt dazugehörigem Garten. Die Abende verbrachte er gerne im nahegelegenen Stadtkeller. Dort konsumierte er mit Vorliebe einige Vierterl jenes chilenischen Rotweins, den der Wirt extra für ihn einkaufte. In diesem Lokal kam er eines Tages auch mit den erwähnten, aus Frankreich zurückgekehrten Arbeitern ins Gespräch.

Deren revolutionärer Elan faszinierte ihn derart, dass er richtiggehend aufblühte; ich hatte förmlich das Gefühl, dass er nun Woche für Woche sichtbar jünger wurde. Mehrere Nächte hindurch debattierte er beinahe bis in die frühen Morgenstunden mit den Franzosen über alles Mögliche. Besonders eindringlich erklärte er seine Theorie, dass eine nachhaltige politische Veränderung, die ein besseres Leben ermöglicht, nur mit gebildeten und einfühlsamen Arbeitern und Angestellten erreicht werden kann.

Ganz nebenbei erwähnte er auch, dass er schon in den Sechzigerjahren, in einer Phase mit beachtlichem Wirtschaftswachstum, ein inzwischen vergriffenes Buch mit dem Titel Materieller Reichtum und geistige Armut in der kapitalistischen Überflussgesellschaft, publiziert hatte.

Aus diesem Buch zitierte er dann den Satz:

„Wer die Chance bekommt und sie auch nützt, eine Bildung zu erwerben, die zu einem geistig reichhaltigen Leben befähigt, ist ein reicher Mensch, falls er auch ein Einkommen hat, das zum Auskommen halbwegs reicht." Dabei sprach er so eindringlich, dass ich mir diesen Satz bis heute gemerkt habe. Den ebenfalls an unserem Tisch sitzenden, in der letzten Zeit wieder etwas skeptischer gewordenen Pepü beeindruckte offenbar dieser Satz nicht allzu sehr. Er warf nämlich sofort den folgenden Einwand in die Runde: „Deine Ansichten sind ja gut und schön, ich kann mir aber noch nicht zusammenreimen, wie wir erreichen könnten, was du dir so vorstellst. Unsere Partei macht ja diesbezüglich schon lange nichts mehr." Alle im Raum wussten natürlich, dass der Pepü mit unserer Partei die sozialdemokratische gemeint hatte.

„Wenn wir nicht die Unterstützung einer etablierten Partei haben, dann müssen wir halt selber etwas auf die Füße stellen", entgegnete der Professor, ehe er uns völlig überraschte mit der spontanen Äußerung: „Das dafür notwendige Grundkapital kann ich zur Verfügung stellen. Wenn ich in meinem Heimatort eines meiner Häuser und die Fischgewässer verkaufe, könnten wir doch hier ein linkes Freizeit- und Bildungszentrum errichten – sofern ihr eine Möglichkeit seht, die laufenden Betriebskosten gemeinsam zu erwirtschaften."
„Super", rief der Albert nun ganz euphorisch in die Wirtsstube bevor er trotz seines nicht allzu üppigen monatlichen Arbeitslosengeldes spontan eine Lokalrunde spendierte.
Ein Jahr später war das erwähnte Projekt verwirklicht. Vieles von dem, was das Leben schöner macht, konnten die sogenannten einfachen Leute nun in lockerer Atmosphäre lernen: Wie man sinnlich liebt, wie man vorzüglich und gesund kocht, isst und trinkt, was zu hören und zu sehen sich lohnt, was zum Erwandern sich empfiehlt, welch wunderbare Geheimnisse fremde Kulturen haben, was man den Kindern mitgeben sollte fürs spätere Leben, wie man Unbegabtere fördern kann, wie man Ausbeuter in die Schranken weist und wie man das Arbeitsleben interessanter machen könnte durchs Mitregieren im Betrieb, im Büro oder wo auch immer.
Während der ersten drei Wochen wagten sich nur wenig Leute in dieses neue Zentrum, das von gewissen Kreisen sofort durch allerlei Gerüchte verleumdet wurde. Mit der Zeit kamen trotzdem immer mehr Besucher, heute sind es schon verdammt viele, welche immer wieder kommen und deshalb bald ebenso gebildet sein werden wie das kleinstädtische Bildungsbürgertum und zehn

Mal gebildeter als das überhebliche Spießbürgertum. Zudem haben alle, welche sich gemeinsam für dieses Projekt engagiert hatten, gelernt, dass die Früchte solidarischen Handelns sehr süß schmecken.

Eines Tages sagte mein spießbürgerlicher Nachbar zu mir: „Irgendwie hat sich in unserem Städtchen in letzter Zeit einiges geändert."
„Nicht irgendwie und nicht einiges, sondern sehr viel", lautete meine Erwiderung.
Derzeit treffe ich ihn nur noch selten; er und seine gleichgesinnten Freunde fahren nun immer öfter in die umliegenden Dörfer hinaus, dort können sie mit ihrem angeberischen Getue und ihren protzigen Autos wenigstens noch ein paar Leuten imponieren.

Aufregende Vielfalt

Ein milder Abendwind wehte am 24. Juni des Jahres 2010 durch jene österreichische Kleinstadt, in der ich damals gerade eine ruhige Dachgeschoßwohnung gemietet hatte. Diese hat sich gleich einmal als sehr heimeliges Quartier entpuppt, deshalb bewohne ich sie bis heute immer, wenn ich mich wieder einmal für ein paar Wochen zum Schreiben zurückziehen will.

Nichts Außergewöhnliches ereignete sich an diesem Sommertag in jenem verschlafenen mittelalterlichen Städtchen. Als die Nacht sich auf die Erde senkte, krochen deshalb zumindest jene selbstzufriedenen alteingesessenen Bürger, deren geistiger Horizont höchstens bis zum Kirchturm des Nachbardorfes reicht, entspannt in ihre Betten.
Allen Lesern, welche bereits das alltägliche Leben in ähnlichen kleinbürgerlichen Provinzzentren interessiert beobachtet haben, werden nicht überrascht sein, dass diese wahrlich nicht weltoffene Spezies auch heute noch die größte und dominanteste Gruppe in beinahe jeder dieser Kommunen ist.

Als die Bewohner der einleitend erwähnten Provinzmetropole am nächsten Morgen erwachten, hatte man ihrer Stadt zur Überraschung aller beinahe ein anderes Gesicht gegeben mittels großflächiger Fotos an vielen Hauswänden. Dass deshalb gerade die stockkonservativen Heimatverehrer gleich nach dem Frühstück äußerst erregt durch die Gassen hetzten, lag nicht daran, dass – sozusagen über Nacht – diese Fotos gerade die Mauern der prächtigsten Altstadthäuser zierten. Eher regte sie schon auf, dass die darauf abgebildeten gebürtigen Österreicher nicht die allseits bekannten lokalen Promis waren, sondern einige weitestgehend unbekannte Mitbürger und außerdem noch drei besonders schräge Vögel. Weniger eine Aufgeregtheit als vielmehr geradezu eine Hysterie verursachte in dieser Bevölkerungsgruppe jedoch die Tatsache, dass sich unter den Fotografierten etliche Personen aus dem Kreis der zugewanderten Familien befanden.

Der Einfalt ist eben das Fremde nicht vertraut, die Einfältigen trauen dem Unbekannten grundsätzlich nicht. Selbst nach ihren Reisen in die Fremde und den dabei gewonnenen positiven Eindrücken und Erfahrungen trauen sie dem jetzt gar nicht mehr so Unbekannten trotzdem nicht, sobald sie wieder zu Hause angekommen sind.

Mir gefällt allerdings das Unbekannte und all das Fremde, das vor allem während der letzten Jahrzehnte in dieses Städtchen gekommen ist, durchaus. Mir gefällt vor allem, dass es so viele verschiedene Gesichter hat.

Deshalb schaute ich mir, wenn ich ins Caféhaus trottete, in jenem Sommer tagtäglich diese vorhin erwähnten Fassadenfotos an. Bei manchen hatte ich das Gefühl, dass auf ihnen auch ein paar Wegweiser zu den Seelen der Abgebildeten versteckt waren.

Ich denke hier an das von langem Haar umrandete Gesicht eines Hardrockmusikers, an das von einem Kopftuch umrahmte Antlitz einer anmutigen türkischen Frau und an jenes der

Malerin aus München, welche meistens am frühen Nachmittag zum Flussufer hinunter spaziert. Ihr breitkrempiger Strohhut sorgt dafür, dass ich sie schon aus großer Entfernung erkennen und grüßen kann.

Auch die so fröhlich wirkenden Gesichter der Abgebildeten aus dem asiatischen Kontinent machten die Stadt interessanter, ebenso die gar nicht so fremdartigen der hier ständig wohnenden Italiener und Italienerinnen. Eine Augenweide waren für mich auch die verwegenen Gesichtszüge der Männer aus dem ehemaligen Jugoslawien.

An jenen Sommerabenden des Jahres 2010, an denen meine Seele zerbrechlich war wie chinesisches Porzellan, schrieb ich in unserem Stadtpark kleine Erzählungen.
Mehrmals kam ich hier mit fremdenfeindlichen Musterexemplaren der hiesigen Einwohnerschaft ins Gespräch. Es kristallisierte sich sehr schnell heraus, dass diese die Migranten entweder gar nicht oder nur als dienstbare Geister um sich haben wollten.
Beim Backen des gemeinsamen Kuchens sollten die Zugewanderten zwar kräftig mitwirken, beim Naschen sollten sie allerdings nicht mehr dabei sein.
Mir ist durchaus bewusst, dass dies ein altes, längst vertrautes Verhaltensmuster ist. Vor vielen Jahrhunderten hat man ja in gewissen Regionen die Sklaven aus fernen Ländern ähnlich behandelt. Bei uns ist man noch vor Jahrzehnten mit den Dienstboten, die ebenfalls oft aus entlegenen Gegenden stammten, nicht viel besser umgegangen.

Allerdings gab es schon unter den Sklaven und den Dienstboten viele, die klüger und menschlicher waren als ihre jeweiligen Herrschaften. Wurden sie in die Familien integriert, war es für diese fast immer eine beträchtliche Bereicherung.

Leider konnte ich meine einfältigen, und meistens auch eingebildeten Stadtparkgesprächspartner nie davon überzeugen, dass auch sie etwas lernen würden, wenn sie mit den anders Seienden und mit den anders Denkenden in Kontakt treten und einen zivilisierten Gedankenaustausch pflegen würden: neue Sprachen, andere Arten des Kochens, des Liebens, des Musizierens und noch einiges mehr. Außerdem bekämen sie eine andere Sichtweise auf internationale Ereignisse und einen neuen Blickwinkel in der Beurteilung fremder Traditionen und Religionen.

Meine Argumentation wurde auch nicht erfolgreicher als ich vehement darauf hinwies, dass dieses voneinander Lernen natürlich nur dann funktioniert, wenn jeder Mensch, der hier Geborene ebenso wie der Zugewanderte, dem Anderen mit dem nötigen Respekt und der gebührenden Toleranz begegnet.

Zum Glück nahmen auf meiner Parkbank manchmal auch Leute Platz, welche gerade beim Thema Integration ähnlich dachten wie ich. Diese berichteten mir durchwegs, dass auch sie bei vielen engherzigen Kleingeistern keine Chance hatten, diese beinharte Ausländerfeindlichkeit aufzuweichen.

Deshalb entschied ich mich an einem schwülen Augustabend, als diese großen Fotos wieder einmal für heftige Diskussionen im Städtchen sorgten, für meine stärkste Waffe. Diese ist zweifellos die Satire.

Die Situation, die mich spontan dazu brachte, diese Waffe in Stellung zu bringen, war die Folgende:
In einem Gastgarten am Hauptplatz diskutierte ich gerade mit meinem besten Freund, einem ausgezeichneten und von der Fachwelt hochgeschätzten Geigenbauer, über das Beethoven-Klavierkonzert, welches wir am Vortag gemeinsam genossen hatten. Da nahmen plötzlich drei Männer, die sich dann sehr rasch als Einfaltspinsel herausstellten, an unserm großen Tisch Platz. Wie die meisten ihrer Sorte waren auch sie so gekleidet, dass man – bevor sie den Mund aufmachten – meinen konnte, sie wären Großindustrielle oder Bankkaufleute. Nachdem sie einige Sätze gesprochen hatten, war aber schnell klar, dass sie Vorarbeiter oder kleine Gewerbetreibende waren.
Kaum hatten sie ihre Getränke bestellt und dabei die Kellnerin mit blöden Sprüchen angemacht, blickte der eindeutig Älteste geradezu verächtlich auf das Foto, das an der Fassade des gegenüber liegenden Kaufhauses angebracht war.
Mir gefiel gerade dieses sehr gut. Die sichtbare Fröhlichkeit der außerordentlich gekonnt fotografierten Mädchen mit schwarzer Hautfarbe, welche hier gelandet waren weil ihre afrikanische Mutter einen Einheimischen geheiratet hatte, konnte schon mehrmals mein Gemüt wieder ins Lot bringen, als es beinahe ins Depressive gekippt wäre.

Es dauerte nur kurz, bis dieser auf das Foto starrende Oldie den Kopf wieder zu seinen Freunden drehte und sagte: „Warum müssen wir uns hier diese depperten Negerweiber anschauen, wenn es doch so schöne einheimische Madln gibt?"
„Das sag ich auch!", antwortete sein Zechgenosse spontan.

Auch der dritte im Bunde bekundete mit der Äußerung: „De bledn Negerhurn braucht wirklich koana bei uns" dass er derselben Meinung sei als seine Freunde.

Nachdem sie sich innerhalb von wenigen Minuten mehrmals zugeprostet hatten, fragte mich der Jüngste ob ich wisse, wem der Blödsinn mit diesen Fotos eigentlich eingefallen sei.

Obwohl ich im Gegensatz zu den meisten meiner Mitbürger inzwischen wusste, dass ein aufstrebender Jungpolitiker einer absterbenden Altpartei der Initiator dieser Fotogalerie im öffentlichen Raum gewesen war, hatte ich keine Lust mehr auf eine korrekte Antwort. Ich spürte nämlich, dass es nun höchste Zeit war, mit meinem rhetorisch geschliffenen satirischen Degen zu fechten. Deshalb beantwortete ich die an mich gerichtete Frage folgendermaßen: „Das Ganze hat – so viel mir aus verlässlicher Quelle bekannt ist – mit einem in Wien entwickelten Projekt der israelitischen Kultusgemeinde Salzburg zu tun."

Nach dieser Äußerung wurde es plötzlich ganz still am Tisch. Ich hatte den Eindruck, dass diese Stille mindestens zwei Minuten anhielt. Dann platzte es aus dem Ältesten dieses faschistoiden Dreigestirns heraus: „Diese Scheißjuden haben schon wieder überall ihre Finger drin!"

„Unterm Hitler wurden sie ganz schnell recht kleinlaut, hat mir mein Großvater erzählt", pflichtete der Jüngste wichtigtuerisch bei.

Weil ich vermeiden wollte, dass wir uns ohne jegliche Verschnaufpause noch mehr derartige Blödheiten anhören müssen, ergriff ich schnell wieder das Wort. In einem sehr ruhigen Ton, der meine innere Erregung gut kaschierte, erklärte ich: „Von einem jungen Wissenschaftler der Universität Wien, mit dem meine Tochter eng befreundet ist, erfuhr ich, dass er bei der Entwicklung dieses aufwändigen und kostspieligen Projekts der Kultusgemeinde mitgearbeitet hat. Da auch ich nicht genau wusste, was der Sinn dieses Projekts sei, ersuchte ich ihn, mich diesbezüglich aufzuklären. Daraufhin verriet er mir, dass es um die Erforschung von rassistischen Vorurteilen in der österreichischen Bevölkerung gehe. In wissenschaftlich korrekten Voruntersuchungen hat man, so sagte er es mir jedenfalls, herausgefunden, dass im Linzer Stadtteil Urfahr höchstwahrscheinlich die toleranteste und weltoffenste Bevölkerung wohnt und bei uns die intoleranteste und fremdenfeindlichste. Deshalb hat man sich entschieden, die notwendigen Umfragen in Urfahr und in unserer Stadt durchzuführen."

„Und was hat das alles mit diesen depperten Fotos an den Hauswänden zu tun", fragten mich nun alle drei Alltagsfaschisten fast gleichzeitig und ziemlich lautstark.

„Das ist ganz einfach", sagte ich einleitend, ehe ich – in der Hoffnung, dass sie in den nächsten Minuten nicht völlig durchdrehen würden – den Satz anfügte:

„Auf den Fotos sieht man die verschiedensten, fürs sich ablichten lassen vermutlich bestens entlohnte Menschen: männliche und weibliche, einheimische und zugewanderte. Außerdem sind einige Personen abgebildet, deren Physiognomie in den Augen rassistischer Betrachter auf jüdische Abstammung hindeuten könnte."

Mit einem kurz gepfauchten „Ja und?", unterbrach der Älteste der drei Empörten ungeduldig meinen Bericht. Nach einem kleinen Schluck aus meinem Weißweinglas beantwortete ich seine Frage so:

„Bereits in den letzten Tagen flanierten Studenten, die froh sind, dass sie sich ein nicht unerhebliches Taschengeld verdienen können, so durch unsere Stadt, dass man glauben musste, es wären Touristen. Als solche getarnt hatten sie mit versteckten Kameras und nicht erkennbaren Mikrophonen aufzunehmen, was die Leute hier mit welchem Gesichtsausdruck von sich gaben, wenn sie die betreffenden Fotos an den Hauswänden betrachten. Das Ergebnis dieser Forschungsarbeit wird dann im Spätherbst in einer großen Pressekonferenz erläutert und ein paar Tage danach in einer Fernsehsendung diskutiert werden."
Mit der Bemerkung „Das kann sehr peinlich werden für unsere Stadt!", goss nun mein Freund, der sofort gemerkt hatte, dass die von mir dargestellte Forschungsarbeit ein Produkt meiner Phantasie war, mit viel Genuss noch etwas mehr Öl ins Feuer. Offensichtlich wurde das Feuer dadurch wirklich heftiger entfacht – der jüngste von unseren drei Tischgenossen brüllte sofort derart laut, dass man es im ganzen Gastgarten hören konnte: „Verfluchtes Judenpack! Verfluchtes Studentenpack!"

Als daraufhin der herbeigeeilte Wirt dem Schreihals empfahl etwas leiser zu sein, spielte dieser den Beleidigten. Seine Freunde erzürnte die Zurechtweisung des Wirtes sogar derart, dass sie für den sofortigen Abmarsch plädierten. Kaum hatten sie ihre Zeche bezahlt, waren alle drei auch schon weg.
„Gottseidank!", sagte der Geigenbauer.
„Ich vermisse sie ebenfalls nicht", antwortete ich.

Am nächsten Abend, als ich wieder mit meinem Freund in diesem schönen Gastgarten saß, tauchten die drei Spezis nicht

mehr auf. Deshalb sagte ich zum Geigenbauer: „Gestern hast du wieder einmal gesehen, dass die Satire eine durchschlagkräftige Waffe sein kann, wenn man gewisse Leute entlarven oder irritieren will; auch wenn man sie zum Davonrennen oder zum Nachdenken bringen möchte, kann sie sehr nützlich sein."
„Ich bin dafür leider äußerst unbegabt, ich bevorzuge in Situationen wie der gestrigen normalerweise das konsequente Schweigen", antwortete er leicht deprimiert.

Einen Bekannten, der ganz sicher ein Talent für die Satire hat, traf ich ein paar Tage später beim Metzger im Bahnhofsviertel. Es handelte sich um einen türkischen Facharbeiter, der schon seit fast zwei Jahrzehnten in dieser Stadt lebt und als Torhüter unserer Fußballmannschaft ebenfalls unter den Fotografierten war.
Während wir gemeinsam warten mussten, bis wir an der Reihe waren, erzählte er mir, dass ihm auch meine hinterhältige Andeutung in Bezug auf die angebliche Entlohnung fürs Fotografieren lassen schon zu Ohren gekommen sei und er sich daraufhin entschieden habe, das Ganze auf die Spitze zu treiben. Deshalb erzählte er jedem der es hören wollte, dass er mit 950 Euro entschädigt worden war und zusätzlich noch zwei Flugtickets nach Israel erhalten habe.

Ein paar Tage später zeigten mir etliche Gespräche mit Stadtparksitzern, dass ihm dieser Schmäh durchaus geglaubt wurde.

Ein weiteres der einheimischen Fotomodelle – ich glaube es war der Krämer aus der Kirchengasse – erzählte mir einmal sogar, dass ihn sein tiefkatholischer Nachbar zynisch gefragt habe, ob er wirklich glaube, dass ihn dieses schmutzige Judengeld glücklich machen werde.

Alles in allem war ich – wie gesagt – wirklich überrascht, was eine bewusst gestreute satirische Äußerung bewirken kann.
Jedenfalls war ich derart beeindruckt, dass ich in jenen Tagen zum Stadtpfarrer sagte, dass ich zukünftig wieder seine Gottesdienste besuchen würde, wenn er in seine Predigten nicht immer nur einige der Bibel entnommene Gleichnisse, sondern vielmehr einige meinen Büchern entnommene satirische Geschichten einbauen würde.

Als nach diesem, in jeder Hinsicht heißen Sommer 2010 endlich der Herbst ins Land zog, wurden die großflächigen Fotos wieder abgehängt. Die Einfältigen, die Neidischen und die Fremdenfeindlichen waren nun erleichtert, für sie wurde das Städtchen wieder sauberer.
Für mich wurde es langsam wieder trister.
Im Oktober ging ich am Weltspartag zur Bank, um etwas von jenem Geld auszuleihen, das die eifrigen Sparer zuvor dort hingeschleppt hatten. Am Rückweg traf ich zufällig jenen Jungpolitiker, welcher der Initiator der geschilderten Fotoaktion war. Dabei erinnerte ich mich, dass ich diesem schon im Juli gesagt hatte, dass er das hochgesteckte Ziel dieses Projekts, die bessere Integration von Zugewanderten und Außenseitern, eher erreichen würde, wenn er kurze Statements unter einigen Fotos anbringen würde, welche die Diskussionen unter den Bürgern auf ein höheres Niveau bringen könnten.
„Was stellst du dir diesbezüglich vor", hatte er mich gefragt.

Spontan bot ich ihm folgende Beispielen an:
„Dem Foto eines Handwerkers könnte man hinzufügen: Handwerk h a t t e einen goldenen Boden.
Beim Foto des Krämers würde ich dazuschreiben: Die kleinen Geschäfte werden weniger und die großen Gschaftler werden mehr.
Und an das Foto eines zugewanderten Künstlers würde ich diesen Satz anheften: Der Charakter eines Menschen ist wichtiger als dessen Staatsbürgerschaft.

„Das sind ganz interessante Vorschläge", antwortete der Politiker; nach einer kurzen Nachdenkpause schränkte er allerdings ein, dass für die Umsetzung meiner Ideen leider kein Geld vorhanden wäre.
Einige Monate später stürzten sich die politischen Parteien meiner Heimatstadt in einen aufwändigen Gemeinderatswahlkampf.
Als das Ergebnis dieses Wettbewerbs feststand, hatte ich das Städtchen schon verlassen. Mit aller Macht zog mich eine unbestimmte Sehnsucht wieder in ein fernes Land.

Zu den Einheimischen dort.

Der Kirtagspoet

Der 5. November 1978 war ein guter Tag für mich – ich weiß noch genau, dass mir beim damals stattfindenden Zwettler Jahrmarkt die Damen- und Herrenhüte förmlich aus der Hand gerissen wurden. Außerdem entschied sich an diesem historischen Tag die österreichische Bevölkerung gegen die Inbetriebnahme des Kernkraftwerkes Zwentendorf. So gesehen war dieser 5. November auch ein guter Tag für Österreich.

Als dieser schon langsam zur Neige ging, lernte ich bei einem kleinen Umtrunk zur Feier des Sieges der Vernunft im geräumigen Wohnwagen eines gastfreundlichen Spielzeugstandlers einen Neuling in unserem Metier kennen.

Schon nach kurzer Zeit hatte ich das Gefühl, dass dieser junge Mann nicht nur mir, sondern auch den anderen auf Anhieb sehr sympathisch war. Selbst der als ewiger Grantler verschriene Lebkuchengünther, der kurz nach mir zur Gesellschaft gestoßen war, nickte zustimmend als die Frau des Gastgebers ausrief: „Wir haben heute noch einen besonderen Grund zum Feiern, denn nicht jeden Tag stößt eine derart erfreuliche Nachwuchshoffnung zu uns. Es ist der Hiedler-Dolfi, er verkauft hauptsächlich Bücher und Postkarten."

Es dauerte dann noch eine halbe Stunde, bis es zu einem ersten Gespräch zwischen mir und dem Neuen kam. Vorerst wurde er nämlich von einem ziemlich kräftig gebauten Standlerkollegen hartnäckig in Beschlag genommen, der vor vielen Jahren aus Armenien zu uns gestoßen war. Seither bereichert er die Kirtage mit einem leichten Hauch von Nostalgie und Exotik, indem er fortwährend seinen türkischen Honig anpreist mit seinem ewig gleichen Singsang und großen Gesten.

Nach dem Armenier pirschte sich die in unseren Kreisen berühmt-berüchtigte Luftballongerti an das Greenhorn heran. Dass der junge Mann dieser ausgeflippten Spätvierzigerin sehr gut gefiel, obwohl oder gerade weil er etwa fünfzehn Jahre jünger sein musste als sie, war nicht zu übersehen. Als ihre Umgarnungsversuche dem Neuen allmählich zu aufdringlich wurden, wandte er sich endlich meiner Wenigkeit zu.
„Liege ich richtig mit meiner Vermutung, dass wir zwei uns bisher noch nie gesehen haben, obwohl dies nach Golling und Rohrbach bereits der dritte Markt ist, auf dem ich mit meinem Bücherstand vertreten bin?"
„Für Golling ist mir etwas dazwischen gekommen und nach Rohrbach bin ich bewusst nicht gefahren, weil die Mühlviertler nur bei Hochzeitsfeiern und Beerdigungen behütet sein wollen", antwortete ich.
„Woran liegt denn das", wollte er sofort wissen.
„Ich weiß es nicht, ich weiß nur, dass sie – im Gegensatz zu den Ausseern – auch in früheren Jahrhunderten schon lieber nach der Haube in der Truhe griffen als nach dem Hut am Haken."
„Ja ja, die Mühlviertler Haubentaucher", kommentierte er kopfschüttelnd mit einem schelmischen Grinsen.

Dieses heitere, spontane und schlagfertige Wortgeplänkel gefiel mir außerordentlich gut.

„Ich bin der Peter" stellte ich mich danach lachend vor, und „nicht zu verwechseln mit dem seinerzeitigen VdU-FPÖ-Peter!"
„Und ich bin der Adolf" sagte auch er lachend, und „nicht zu verwechseln mit dem seinerzeitigen Adolf!"

Ernster wurde sein Gesichtsausdruck wieder, als er mir erzählte, dass ihm sein Geburtsurkundevorname vor allem deshalb so peinlich wäre, weil er der Sprössling einer Familie namens Hiedler sei. Deshalb bat er mich eindringlich, ihn einfach Dolfi zu rufen.

„Dolfi merke ich mir leicht", erwiderte ich mit einem verschmitzten Lächeln, „da brauche ich ja nur an einen Dolfin zu denken."
„Unsere Wellenlänge stimmt, das freut mich sehr", antwortete er nach meiner reichlich schrägen Äußerung noch, ehe sich ein anderer Standler, der Pfannensepp, mit einer Allerweltsfrage an ihn wandte und unser Gespräch abrupt beendete.

Als ich am nächsten Tag zu Hause erwähnte, dass ich in Zwettl einen netten neuen Kollegen kennengelernt hatte, welcher gebrauchte Bücher, neue Romanheftln und Ansichtskarten verkauft, wollte meine immer neugierige Ehefrau, dass ich ihr sofort alles erzähle, was ich über diesen neuen Standlerkollegen weiß.
„Nur wenig", sagte ich „wir hatten ja bisher kaum Gelegenheit miteinander zu sprechen."
Mit dem Einwand „Du wirst doch wenigstens wissen wie er ausschaut und wie alt er sein könnte, ob er verheiratet ist, Kinder hat und woher er ursprünglich kommt...", forderte sie mich trotzdem ungeduldig auf, wenigstens mit dem Wesentlichsten herauszurücken.

Damit wurde mir klar, dass mir eine intensive Fragestunde bevorstehen würde und ich wohl auf die erste Halbzeit des im Fernsehen gerade begonnenen Fußballklassikers Barcelona vs. Real-Madrid verzichten müsste.

Da stoppte ich das Verhör: „Er schaut aus wie ein böhmischer, nein, eher wie ein mährischer Volksmusikant, ist vermutlich ledig und einige Jahre jünger als ich. Wenn ich ihn das nächste Mal treffe, werde ich in einer gemütlichen Gaststätte sicher ein paar kleine Bier und ein Achterl Wein mit ihm trinken. Danach werde ich dir mehr erzählen können!"

Dass wir beim nächsten Kirtag abends doch nicht in ein Wirtshaus gingen, lag am Sauwetter, welches an diesem Tag derart unangenehm war, dass viele Standler bereits gegen Mittag ihre Waren schleunigst in den Fahrzeugen verstauten und nach Hause fuhren. Ich war ja im Jahr 1978 bereits fünf Jahre lang einer vom sogenannten Fahrenden Volk, aber so ein beschissenes Wetter wie jenes bei diesem Ebenseer Novemberkirtag habe ich vorher noch nicht erlebt.

Die Morgenstunden verhießen noch nichts Schlimmes; die geschlossene Wolkendecke am Himmel war vorerst noch hellgrau, man konnte sogar hoffen, dass sie sich später lichten würde. Die Wettervorhersage für diesen Tag war gar nicht so übel gewesen. Kurz nach zehn Uhr wurden die meisten Wolken allerdings wieder deutlich dunkler, einige wurden fast so schwarz wie die Fahne, die vor der Baracke unseres Fischereivereins gehisst wird, wenn ein Anglerkollege über den Jordan gegangen ist. Noch vor elf Uhr fegte dann der erste wuchtige Windstoß durch die Marktstraßen, der nächste zerlegte im Nu die zwei am wenigsten stabilen Verkaufsstände. Von etlichen anderen warf er nur verschiedene Verkaufsartikel auf den Asphalt. Ein paar sehr leichtgewichtige Gegenstände, in erster Linie Kopftücher, Seidenschals und Pfauenfedern, landeten sogar in einer Wiese, auf der noch ein paar Kühe weideten, bevor der erste Schnee des Jahres ihr Futter unter einer weißen Decke verstecken wird. Obwohl der Wind nach diesen ersten Stößen etwas sanfter daherkam, hatte ich trotzdem den Eindruck, dass die Wucht, mit der die Wellen gegen das Ufer des Traunsees klatschten, stärker wurde. Dann zeigte ein letztes Mal der Wind noch seine ganze Kraft, bevor es plötzlich windstill wurde. Eine unheimliche Stimmung breitete sich in diesem Moment zwischen dem mächtigen Feuerkogel und dem romantischen Traunsee aus.

Nur zwei Minuten später begann es derart heftig zu schütten, dass die meisten Kirtagsbesucher, in erster Linie die vielen Schirmlosen, im Nu völlig durchnässt waren und deshalb nach Hause rannten oder ins nächstgelegene Gasthaus hineinstürmten.

Jedenfalls waren meine Marktfahrerkollegen am Ende dieses so verdammt kurzen Markttages froh, dass der Ebenseer Kirtag traditionell der letzte im Jahr ist. Nun werden jene erholsamen Monate vor ihnen liegen, in denen sie nicht mehr hinausfahren müssen in die Dörfer und Städte samt ihren Salzbrezln, Trachtenjankern, Kochtöpfen, Gemüsereiben, Luftballons, Stoppelrevolvern, gebratenen Mandeln, Bartwischen und all dem sonstigen Krimskrams.

Der erste Frühlingsmarkt nach der langen Winterpause, den sowohl der Dolfi als auch meine Wenigkeit ansteuerten, war der

Straßwalchener. Zu diesem tuckere ich mit meinem alten Lieferwagen stets mit großer Vorfreude. Schon bei meiner ersten Fahrt in diesen östlich von Salzburg gelegenen Ort habe ich mich in die schöne Landschaft verliebt, welche man durchquert, wenn man aus dem Osten oder aus dem Südosten anreist. Ich mag eben hügelige Landschaften am liebsten, wenn sie noch dünn besiedelt sind; wenn noch keine Heerscharen von wohnungssuchenden Städtern in die Dörfer eingefallen sind wie Borkenkäfer in die Windwurfwälder.

Die zahlreichen kleinen Weiler, die sich einige Kilometer außerhalb Straßwalchens entweder an leicht abfallende Hänge klammern oder in Mulden verstecken, faszinieren mich so sehr, dass ich immer eines oder zwei dieser Kleinode ansteuere, bevor ich ins Ortszentrum hinunterfahre.

Dieser Frühjahrsmarkt, für den immer der erste Märzsonntag reserviert wird, war für die damals noch sehr von der Landwirtschaft und dem Handwerk geprägte Gemeinde Jahr für Jahr ein derart festliches Ereignis, dass nach dem Gottesdienst sogar die Ortsmusikkapelle durch die Straßen marschierte. Vorher hatten am Kirchplatz schon die Volkschulkinder mit ihren flott gesungenen Frühlingsliedern die Leute erfreut.

Natürlich trugen auch die Kellnerinnen an diesem Tag ein schöneres Dirndlkleid als an den gewöhnlichen Tagen. Die traditionelle Speise, welche sie an diesem Tag vorwiegend servierten, war der Lammbraten mit Erdäpfeln und Rotkraut. Vor dem Essen zog es allerdings die Bäuerinnen, die Rentnerinnen, die wenigen Gastarbeiter und die vielen Kinder zu den Straßen und Plätzen, an denen die aus halb Österreich angereisten Marktfahrer ihre Waren anpriesen.

Da in diesen letzten Jahrzehnten des vorigen Jahrhunderts die meisten dörflichen Krämerläden, in denen man nahezu alles kaufen konnte, was man zum Essen, zum Arbeiten, zum Ankleiden und zum Feiern benötigte, ihre Pforten endgültig geschlossen hatten, waren die vom Fahrenden Volk herangekarrten Waren, in erster Linie Küchenschürzen, Kochlöffel, Werkzeugkästen, Arbeitshosen, Kopfbedeckungen und Spielzeugpanzer in den ländlichen Regionen sehr begehrt.

So ging schließlich speziell dieser Markttag, an dem auch das Wetter gut mitspielte, in einer harmonischen Stimmung dem Ende entgegen.

Die meisten Standler waren mit ihren Umsätzen ähnlich zufrieden wie die Kinder mit den Spielsachen, welche sie mit großer Hartnäckigkeit erbettelt hatten. Die Frauen wiederum erfreuten sich an den erworbenen Kleidungsstücken und Haushaltsutensilien. Die Männer dachten auf dem Heimweg wahrscheinlich an den guten Lammbraten und das bekömmliche Bier; und schließlich gab es da auch noch ein paar junge Mädeln und Burschen, die glücklich waren, weil an diesem Tag auch die Liebe nicht zu kurz gekommen war am Tanzboden oder im neuen modernen Caféhaus.

Zu den wenigen Menschen, welche nach dem Ende des Markttages unglücklich waren, gehörte der Dolfi. „Mein Geschäft ist nicht gut gelaufen", sagte er zu mir mit einem traurigen Gesichtsausdruck, als wir gerade zwei schöne freie Sitzplätze ausfindig gemacht hatten an einem kleinen Ecktisch in der Gaststube des Postwirts.

Sofort überlegte ich, wie ich den armen Kerl trösten könnte. Schließlich sagte ich zu ihm: „Das liegt nur an der Jahreszeit, wenn die Urlaubszeit kommt, wirst du sicher mehr Umsatz machen und der Herbst wird sowieso gut werden."
„So siehst du das?"
„Genauso sehe ich das", sagte ich zu ihm mit einem etwas mulmigen Gefühl im Bauch; ich war mir in diesem Moment ja keinesfalls sicher, ob mein Versuch, den Dolfi neu zu motivieren, erfolgreich sein würde. Mein Gefühl sagte mir jetzt außerdem, dass es klug wäre, das Gesprächsthema schnell zu wechseln.

„Was hast du eigentlich gemacht, bevor du zu uns Marktfahrern gestoßen bist", fragte ich ihn.
„Das ist eine relativ lange, aber nicht sonderlich interessante Geschichte", äußerte er kurz angebunden. Wahrscheinlich hoffte er, dass ich dadurch auf die Beantwortung meiner Frage verzichten würde.
„Ich habe genug Zeit für eine lange Geschichte, ich werde sowieso hier im Haus übernachten", konterte ich.
„Dann müsste ich mir auch ein Zimmer nehmen. Und das sollte ich mir bei meinen heutigen Einnahmen wohl eher nicht leisten", wandte er ein.
Da aber meine eigene Tageslosung mehr als zufriedenstellend ausgefallen war, fragte ich, ohne lange zu überlegen die Kellnerin, ob noch ein weiteres Einzelzimmer frei wäre.
„Mehrere sogar", sagte sie sofort.
„Gut, dann reservieren Sie für meinen Kumpel auch eines. Das kommt ebenfalls auf meine Rechnung."
Der Dolfi war jetzt derart perplex, dass er vorerst kein Wort herausbrachte.

Endlich fragte er dann: „Meinst du das ernst?"
„Durchaus, das gehört sich so unter Freunden", antwortete ich. Als er sich für meine Großzügigkeit bedankt hatte, bestand er darauf, dass er wenigstens die vier Biere, die wir bisher konsumiert hatten, bezahlen dürfe.
„Okay, das passt", sagte ich „aber du bist mir trotzdem noch die Geschichte schuldig – egal wie lange sie dauert."

Nach einem kräftigen Schluck aus seinem Bierglas fing er endlich zu erzählen an: „Aufgewachsen bin ich in der Steiermark, und zwar in Kapfenberg. Meine Eltern waren beide in den Böhlerwerken beschäftigt, mein Vater als Schichtleiter in der Produktion und meine Mutter im Büro. Mein jüngerer Bruder arbeitet als Maschinenschlosser noch immer in diesem Unternehmen; ich vermute, dass er mit seinem Arbeitsplatz und dem Leben in der Werkssiedlung sehr zufrieden ist. Als ich ihn vor kurzem besuchte, fragte ich mich deshalb ein paar Mal sogar, ob mir meine Eltern seinerzeit etwas Gutes getan hatten, als sie mir, nach einem ausführlichen Gespräch mit der Volksschullehrerin erlaubt hatten, ins Naturwissenschaftliche Gymnasium der Landeshauptstadt zu wechseln. Ich hatte ja gerade als Unterstufenschüler bei jeder Fahrt nach Graz ein unangenehmes Gefühl. Sobald der Zug die Kapfenberger Stadtgrenze passierte, breitete sich eine eigenartige Mischung aus Müdigkeit und Traurigkeit in mir aus. Heute vermute ich, dass durch diesen Wechsel ins Gymnasium meine Wurzeln allzu abrupt aus dem Boden gerissen worden waren. Einerseits verlor ich ziemlich bald meine zahlreichen Freunde aus der Werkssiedlung, andererseits fand ich in den ganzen acht Gymnasiumsjahren nur einen echten Freund. Er war der einzige

in meiner Klasse, der aus einer waschechten Arbeiterfamilie stammte. Sein Vater war Maurer bei einer großen Grazer Baufirma, seine Mutter arbeitete in der Flaschenabfüllhalle der Brauerei Reininghaus.
Die übrigen Mitschülerinnen und Mitschüler entstammten vornehmen Grazer Bürgerfamilien, halbwegs vornehmen steirischen Beamtenfamilien oder weniger vornehmen Grazer Neureichenfamilien. Mit mir wollten sie allesamt nicht viel zu tun haben; zum Glück ließen sie mich nicht derart links liegen wie meinen Freund, da ich wenigstens eine Kapfenberger Bürodame in die Anerkennungsschlacht werfen konnte.

Wäre ich zehn Jahre später auf die Welt gekommen, hätten meine Gymnasiumjahre anders ausgeschaut. In diesem Fall hätte ich schon profitiert von der Schulpolitik des sozialdemokratischen Kanzlers Bruno Kreisky, welche, wie du weißt, vielen Kindern aus den sogenannten unteren Schichten der Gesellschaft die Türen in die Höheren Schulen und in die Universitäten geöffnet hat.
Die Arbeit dieses, wie ich damals schon überzeugt war, äußerst klugen und sehr an den Künsten interessierten Vorsitzenden der Sozialistischen Partei Österreichs, der im Jahr 1970 an die Macht gekommen war, war auch der Grund, weshalb ich im Herbst 1971 an der Wiener Universität bereits als Erstsemestriger ein Genosse im Verband der Sozialistischen Studenten Österreichs wurde. Diese Organisation war innerhalb der Partei eindeutig am linken Rand angesiedelt, deshalb wussten meine Eltern, welche damals schon langjährige Mitglieder der SPÖ waren, vorerst nicht ganz genau, ob sie meine Mitgliedschaft in diesem Verband begrüßen oder verfluchen sollten.

Für meine Studienfächer Geographie und Meteorologie habe ich mich übrigens bereits einige Monate vor der Erstinskription und der damit verbundenen Übersiedelung nach Wien entschieden. Der Grund dafür war, dass uns im Gymnasium ein großartiger Professor unterrichtet hatte, der mich schnell für diese zwei Wissensgebiete begeistern konnte."

Nach dieser Schilderung seiner Kinder- und Jugendjahre benötigte der Dolfi offensichtlich eine kleine Pause. Er atmete tief durch, dann streckte er beide Arme aus. Anschließend bewegte er seine Finger so, als würde er als Luftklavierpianist eine Passage mit lauter Sechzehntelnoten spielen. Danach legte er seine Arme wieder auf den Tisch. Nach einem weiteren kräftigen Durchschnaufer genehmigte er sich noch einen großen Schluck aus dem Bierglas, bevor er seinen Bericht noch durch die Schilderung seines Studentenlebens ergänzte: „Wenn ich meine Studienjahre rückwirkend betrachte, kann ich mit Fug und Recht behaupten, dass es eine glückliche Zeit war. Nach drei oder vier Vorlesungen war für mich bereits klar, dass ich bei der Wahl meiner Studienfächer eine gute Entscheidung getroffen hatte. Nachdem eines Tages in einer Lehrveranstaltung meines Hauptfaches Geographie auch mein Interesse für Landschaftsgestaltung und für Raumplanung geweckt worden war, besuchte ich ab dem sechsten Semester auch mehrere Seminare an der Universität für Bodenkultur und an der Technischen Universität.
Die Freizeit verbrachte ich meist mit einer Kommilitonin namens Marlene, mit der ich ab dem dritten Semester auch liiert war. Ihr Elternhaus stand im niederösterreichischen Annaberg. Dort wurde ihr bereits im Volksschulalter von ihrem Vater, dem Leiter der

dortigen Schischule, die Begeisterung für den alpinen Rennsport eingeimpft. Nachdem wir uns im Jänner 1972 bei einem Maskenball der österreichischen Hochschülerschaft heftig ineinander verliebt hatten – ich als Commandante Che auf der einen und sie als forsche Piratenbraut auf der anderen Seite des Tisches – wurde ihr sportlicher Ehrgeiz allerdings sofort kleiner; trotzdem wurde sie sechs Wochen später noch ein letztes Mal niederösterreichische Landesmeisterin im Slalom. So unberechenbar ist eben die Liebe auch für all die Sportlerinnen und Sportler. Manche treibt sie von einem Sieg zum nächsten, etliche von einer Niederlage in die andere und einige – wahrscheinlich zwischen zwei Orgasmen – sogar zur spontanen Entscheidung, die sportliche Laufbahn sofort zu beenden.

Jedenfalls führte Marlenes Rennsportkarriere dazu, dass sie auf der Uni mit viel Begeisterung Sport studierte. Ihr Zweitfach war Theologie. Offenbar konnte sie sich sehr gut vorstellen, nach dem Abschluss ihres Studiums jahrzehntelang als engagierte Sport- und Religionsprofessorin tätig zu sein.

Die Wahl ihres Zweitfaches sah ich anfangs mit kritischen Blicken, halbwegs beruhigt war ich erst, als sie mir versicherte, dass sie eigentlich eine Linkskatholikin sei. Was genau sie damit meinte wurde mir nie klar; ideologische und kirchenpolitische Diskussionen führte sie mit mir grundsätzlich nicht. ‚Die Politik kann jede Liebe zerstören', lautete ihr diesbezügliches Credo. Immerhin tröstete ich mich mit dem Faktum, dass auch der Berliner Genosse Rudi Dutschke mit einer Theologin liiert war.

Letzten Endes konnte die Marlene bald nach der Sponsion tatsächlich in ihren Traumberuf einsteigen. Als junge Professorin unterrichtete sie ihre Fächer an einem Gymnasium ihres Heimatbundeslandes. Dort schenkte sie bald ihre Liebe einem etwas älteren Kollegen, der Mathematik und Sport studiert hatte. So mutierte unsere mehrjährige Liebe schließlich zu einer noch lange existierenden Freundschaft. Diese taugte immerhin noch dafür, dass mich ihr Vater zeitweise in seiner Schischule beschäftigt hat, als ich nach dem Ende meines Studiums arbeitslos war. Über jene Phase meines Lebens, in welcher ich verzweifelt einen für mich passenden Job suchte, erzähle ich Dir später noch etwas. Vorerst muss ich wieder einmal das Bierglas in die Hand nehmen, sonst verdurste ich noch."

Nachdem der Dolfi – vorerst mit der rechten und anschließend mit der linken Hand – sein volles dunkles Haar, das in dieser späten Abendstunde schon etwas zerzaust sein Haupt bedeckte, wieder halbwegs in die richtige Form gebracht hatte, trank er mit Genuss die paar Schluckerl Bier, die sich noch in seinem Glas befanden.

Mit der Bemerkung „das Stieglbier treibt heute wieder ausgesprochen stark", verließ er die Gaststube. Als er zurückkam, hatte uns die Kellnerin bereits die nächsten von mir bestellten Biere serviert. „Jessas, noch ein Bier!", seufzte der Dolfi resignierend. Kaum hatten wir uns mit dem Trinkspruch ‚Auf uns' zugeprostet, setzte er die Schilderung seiner zurückliegenden Lebensphasen fort:

„Obwohl ich mir während meiner Studienjahre relativ viel Freizeit gönnte, war ich ein durchaus erfolgreicher Student. Der Grund dafür war weniger mein Fleiß, sondern viel mehr meine Begabung fürs Lernen. Diese bewirkte auch, dass ich ab dem dritten Semester reichlich Zeit hatte, Funktionen in der Hochschülerschaft und im Verband der Sozialistischen Studenten Österreichs, dem VSStÖ, auszuüben.

Dem rechten Flügel der Mutterpartei waren die sozialistischen Studenten stets ein Dorn im Auge. Als dieser eines Tages in der Partei – man muss ja bedenken, dass sich besonders in den Nachkriegsjahren viele ehemalige Nationalsozialisten in die Sozialistische Partei hineingedrängt hatten – Oberwasser bekam, wurden alle engagierten VSStÖ-Mandatare aus der Partei hinausgeschmissen. Dass auch ich einer von diesen Aussätzigen war, verursachte mir vorerst keine Kopfschmerzen. Ich ahnte ja damals noch nicht, was dieser Rausschmiss für Folgen haben würde. Dass ich durch ihn später keine Chance mehr haben würde auf einen Arbeitsplatz, der meiner Ausbildung entspricht, konnte ich mir jedenfalls nicht vorstellen. Ich konnte in diesem Rausschmiss und dem damit verbundenen Ende meines Engagements in der Studentenvertretung anfänglich sogar etwas durchaus Positives sehen. Jetzt habe ich endlich mehr Zeit für meine Dissertation, in der es um raumordnungspolitische Maßnahmen gegen die Zersiedelung des ländlichen Raumes in stadtnahen Gemeinden ging, dachte ich mir nach der anfänglichen Wut."

Mit dem nach einer kurzen Verschnaufpause geseufzten Satz „So, das war es; jetzt weißt du alles aus meinem Leben, das für dich interessant sein könnte", beendete der Dolfi vorerst einmal seinen ausführlichen Monolog.

„Jetzt hast du dir aber einen ganz großen Schluck Bier verdient", rief ich nach seiner langen Antwort auf meine kurze Frage.

Darüber hinaus lud ich ihn ein, noch eine Kleinigkeit zu essen, falls er Hunger habe.

„Habe ich nicht", antwortete er kurz und bündig.

„Es war ja nur eine Frage."

„Fragen sind immer erlaubt."

„Das ist gut, ich wollte dir jetzt sowieso noch zwei kleine sogenannte Verständnisfragen stellen. Ich habe nämlich zwei Details aus deiner Schilderung nicht ganz kapiert."

„Und die wären?"

„Erstens verstehe ich nicht, weshalb du keinen Doktortitel hast, obwohl du doch eine Dissertation, also eine Doktorarbeit geschrieben hast. Und zweitens verstehe ich nicht, weshalb dein Ausschluss aus der SPÖ bewirken konnte, dass du als Meteorologe oder als Geograph mit dem Spezialgebiet Raumplanung bis heute keinen dementsprechenden Job finden kannst."

„Also, ganz kurz nur zur ersten Frage: einen Doktortitel habe ich natürlich, aber das ist nichts so Bedeutendes, dass man es extra erwähnen müsste. Meine Ausbildung war zwar langjähriger als die eines Handwerksmeisters, das heißt aber noch lange nicht, dass sie auch anstrengender war. Gymnasiasten und Studenten haben doch eher mehr Freizeit. Dass es außerdem noch viele Handwerksmeister oder sogar einfache Arbeiter gibt, die klarer denken können als so mancher Akademiker, wirst du ja schon bemerkt haben.

Wenn ich jetzt noch die zweite Frage beantworte, kann ich dir nur das sagen, was ich persönlich erlebt habe und außerdem noch das, was ich in den letzten Jahren aus meinem Freundeskreis gehört habe.

Auf Grund meiner Studienrichtungen kam für mich vorrangig, eigentlich fast ausschließlich, eine Anstellung im öffentlichen Sektor in Frage; etwa in einem Amt der Landesregierung, in einer Zentralanstalt für Meteorologie, in der Raumplanungsabteilung einer großen Stadt usf.

Nun ist es aber so, dass gerade in diesem Bereich diverse Parteipolitiker bei Postenbesetzungen die endgültige Entscheidung treffen. Deshalb ist für eine positive Antwort auf eine Bewerbung das Parteibuch des Kandidaten – ebenso wie dessen Ideologie und seine persönlichen Kontakte – zehnmal wichtiger als dessen fachliche Qualifikation oder dessen Charakter.

Hat die schwarze Reichshälfte das Sagen, wird zumeist ein Kandidat genommen, welcher, aus einer konservativen katholischen Studentenverbindung kommend, zur Volkspartei gestoßen ist.

Hat die rote Reichshälfte das Sagen, ist ebenfalls nicht gewährleistet, dass die Bestqualifizierten ausgewählt werden. Unbegabte, schmeichlerische und zudem karrieregeile Bewerber mit sozialdemokratischem Parteibuch haben meist die besseren Chancen.

So ist das eben, und dementsprechend ungustiös schaut es auch in vielen parteiendominierten Institutionen unseres Staates aus."

„Das schreit förmlich nach einem Wodka", rief ich einigermaßen aufgebracht. Kaum hatte ich ihn bestellt, wurde er auch schon serviert. Nachdem wir ihn schnell hinuntergekippt hatten, setzte der Dolfi seinen Monolog fort:

„Da ich aufgrund des angesprochenen Proporzsystems als Parteiloser wenig Chancen hatte auf einen Arbeitsplatz, der meiner akademischen Ausbildung entspricht, war ich nach dem Ende meines Studiums mehrere Monate hindurch arbeitslos. Schließlich musste ich mich in völlig anderen Bereichen umschauen. So kam ich zwei Sommer lang zu einem Nachtportiersjob in einem vornehmen Wörtherseehotel. Diese Beschäftigung war zwar einerseits schlecht bezahlt, andererseits aber sehr interessant. Ich kam dort unter anderem mit Gesellschaftsschichten in Kontakt, zu denen ich bisher keinen Zugang hatte. So habe ich vor allem in diesen Sommern gelernt, dass mir die durchwegs gebildeten Altreichen bedeutend lieber sind als die in der Mehrzahl eher ungebildeten Neureichen.

Wie ich bereits erwähnt habe erhielt ich in den Wintermonaten zeitweise eine Anstellung in der Schischule von Marlenes Vater. Weil mich dieser halbsportliche Affenzirkus schon nach zwei Wintersaisonen genervt hatte und außerdem mein Sommerjob auch nur eine vorübergehende Lösung sein konnte, bin ich schließlich im Herbst des Vorjahres bei euch Standlern gelandet. Wie es da bisher gelaufen ist mit meiner Karriere weißt du ja inzwischen."

Da ich vom Zuhören inzwischen nahezu ebenso müde geworden war wie der Dolfi nach seinem ausführlichen Erzählen, schlug ich ihm vor, dass wir unsere Sitzung schön langsam beenden sollten. „Das sehe ich auch so", antwortete er bevor wir in unsere Zimmer hinaufgingen.

Am nächsten Tag, es war ein Montag, trafen wir uns erst kurz vor zehn Uhr im Extrastüberl des Postwirts zum Frühstück. An den Nebentischen wurde bereits für das Totenmahl einer angekündigten Trauergemeinde gedeckt. Als uns eine von den Kellnerinnen verriet, weshalb sie jetzt schon die Tische in diesem Stüberl decken müsse, sagte der Dolfi zu ihr: „Wenn das so ist, dann könnte ich ja noch länger in diesem Raum bleiben, meine heutige Stimmung passt nämlich ganz hervorragend zu einer Beerdigung."

„Was macht dich denn gar so traurig, ist es noch immer dein kleiner Umsatz am gestrigen Kirtag?", fragte ich daraufhin.
„Du hast es erraten."
Genau in dem Moment, betrat ein jordanischer Marktfahrer, der ebenfalls in diesem Gasthaus übernachtet hatte, den Raum.
„Was hast du erraten?", fragte der Jordanier, als er an unserem Tisch Platz nahm. Offenbar hatte er das aufgeschnappte ‚Du hast es erraten' mit einem Ratespiel in Verbindung gebracht.
„Wir machen hier kein Ratespiel, wir haben nur übers Geschäft gesprochen", erklärte ich dem Fremden, um gleich Klarheit zu schaffen.

„Geschäft war gestern gut bei mir, habe sechs große und mehr als zwanzig kleine Teppiche verkauft", erzählte der Jordanier unaufgefordert.

Nach dieser Äußerung blickte mich der Dolfi ratlos an, dann fragte er mit einem zynischen Unterton: „Soll ich vielleicht auch Teppiche verkaufen in Zukunft?"
„Du kannst schon bei deinen Büchern bleiben, du musst dir nur überlegen, wie du bereits beim nächsten Markttag die Kundschaft effektiver zu deinem Stand locken kannst", antwortete ich.
„Ihr meint es sicher gut mit mir, aber jetzt muss ich bis zum nächsten Jahrmarkt einmal selbst gründlich überlegen, wie es

weitergehen soll mit meinem Stand. Deshalb ist es nicht sinnvoll, wenn wir jetzt noch lange weiterdiskutieren", meinte der Dolfi abwehrend.

Da auch ich schön langsam ans Aufbrechen denken musste war es mir ganz recht, dass die Fortsetzung unseres Gesprächs nicht mehr erwünscht war.
„Für mich wird es jetzt auch Zeit zum Heimfahren; wenn ich meine Rechnung beglichen habe, werde ich mich schnell vertschüssen", sagte ich deshalb zu den beiden Kollegen.

Der Dolfi und ich verließen das Extrastüberl; der Jordanier blieb noch sitzen, bisher war er ja kaum dazu gekommen, mit dem Frühstück zu beginnen.

Auf dem Weg zum Hotelparkplatz einigte ich mich mit meinem Freund, dass der Oberndorfer Kirtag der nächste sein wird, bei dem wir uns wieder sehen.
„Bis dahin werde ich mir bestimmt etwas überlegt haben!", rief mir der Dolfi noch zu, als er schon im Auto saß. Dann düsten wir davon, in verschiedene Richtungen, aber mit verwandten Seelen.

Der Kirtag in der Flachgauer Kleinstadt Oberndorf ist einer von den wenigen zweitägigen Jahrmärkten. Er beginnt immer vierzehn Tage nach dem Straßwalchener. Wenn das Wetter mitspielt, wird er von vielen gut gelaunten Menschen förmlich gestürmt. Diese kommen üblicherweise nicht nur aus der näheren Umgebung; seine Anziehungskraft reicht von der nördlichen Stadtgrenze Salzburgs bis in die Nähe von Braunau. Außerdem zieht er noch Kunden aus dem direkt angrenzenden Bayern an.

Obwohl in Oberndorf seinerzeit das weltberühmte Weihnachtslied ‚Stille Nacht' uraufgeführt wurde, ist der Bekanntheitsgrad dieser Kommune noch so gering, dass dieses Städtchen bisher vom Massentourismus verschont geblieben ist. Ob das nach der Jahrtausendwende so bleiben wird ist schwer vorauszusagen; die Wege der Tourismuslämmer sind noch ergründlicher als jene der Börsenfüchse.

Es lassen sich doch seit Jahrzehnten unzählige Reisende von raffinierten Tourismusstrategen in nichtssagende Gegenden locken, während andererseits nur ein paar Individualisten die schönsten Flecken eines Landes entdecken wollen.

Den Dolfi musste ich am ersten Oberndorfer Markttag nicht lange suchen, weil ich durch einen Anruf beim Marktamt erreicht hatte, dass wir zwei nebeneinander liegende Standplätze bekamen. Der gegenüberliegende Platz wurde zufällig jener altgedienten Kollegin zugewiesen, welche ihre Waren seit Jahren immer mit der gleichen, laut hinausposaunten Aufforderung ‚Schaumrollen essen nicht vergessen!' anpreist.

Ich traf vor meinem Freund in der Seitenstraße ein, in der wir unsere Standln aufbauen durften. Fast so ungeduldig wie ein Verehrer, der das Eintreffen seiner Geliebten herbeisehnt, wartete ich vor meinem Lieferwagen auf seine Ankunft.

Als er dann endlich vor mir stand, umarmten wir uns so, wie sich gewöhnlich zwei Menschen umarmen, welche schon seit Jahrzehnten eine äußerst innige Freundschaft pflegen. Sofort fühlte ich, dass er nun viel entspannter und fröhlicher war als zwei Wochen vorher beim Straßwalchener Postwirt. Das war wirklich eine angenehme Überraschung für mich, ich hatte nämlich bei der Fahrt nach Oberndorf schon die Befürchtung, dass er wieder ähnlich verzweifelt sein könnte.

Während wir unsere Marktstände aufbauten, genehmigten wir uns zwischendurch immer wieder ein paar kurze Pausen, in denen er schon einmal andeutete, welche umsatzfördernden Maßnahmen er sich ausgedacht hatte.

Die erste Neuerung war bereits deutlich zu sehen, als er mit dem Auspacken seiner Ware fertig war. Erstmals hatte er Kinderbücher dabei; es waren durchwegs sehr schön gestaltete Exemplare, einige kannte ich, die meisten hatte ich noch nie gesehen. Vor allem jene in türkischer und serbischer Sprache.

„Da hast du eine gute Idee gehabt, Kinderbücher verkauft auf Jahrmärkten bisher niemand", sagte ich zu ihm, als ich gerade ein besonders schönes serbisches Kinderbuch bestaunte: „Es wird wahrscheinlich in naher Zukunft keine Buchhandlungen mehr geben in den Marktgemeinden und Kleinstädten. Diese kleinen Läden werden von den Monsterbuchhandlungen in den großstädtischen Einkaufszentren und vom immer aggressiver agierenden Versandbuchhandel sicher bald verdrängt. Und sobald die Kleinstadtbuchhändler am Ende sind, schlägt deine Stunde, dann wirst du zum Retter der Büchernarren auf dem Lande."

Die zweite Neuerung war, dass er erstmals auch Schallplatten und Musikkassetten verkaufen wollte. Das diesbezügliche Angebot hatte er gut auf das ländliche Publikum abgestimmt. Die Volks- und die Schlagermusik dominierte, Jazzmusik und Klassik waren aber ebenfalls vertreten.

Dass er mit dem zusätzlichen Angebot erfolgreich sein kann, wurde mir gleich klar. Ich konnte ja sehen, dass ihn an diesem Tag von Anfang an viel mehr Kunden besuchten als früher. Sein guter Umsatz beflügelte ihn sichtlich. Obwohl er tagsüber – ebenso wie ich – richtig schuften musste, wirkte er am Abend keineswegs erschöpft. Deshalb entschieden wir uns, als es in den Marktstraßen wieder ruhig geworden war, für einen entspannenden Spaziergang entlang der Salzach.

Als wir von unserer kleinen Abendwanderung wieder zurückgekehrt waren ins Oberndorfer Ortszentrum, entschieden wir uns noch für einen kurzen Abstecher ins bayerische Laufen. Dafür mussten wir nur über eine prächtige Brücke schlendern, welche bereits erbaut worden war, als in den Ländern, die sie verbindet, noch die Adeligen an der Macht waren.

Dieser kurze Abstecher hatte sich wirklich gelohnt, sofort merkten wir, dass wir in einem sehr idyllischen und ausgesprochen sehenswerten Städtchen gelandet waren; die bemerkenswerte Pfarrkirche ist aus heutiger Sicht überproportional groß geraten im Verhältnis zur Kleinheit der Stadt. Der Grund dafür dürfte sein, dass Laufen einst ein wichtiges Salzhandelszentrum gewesen war und damit von überregionaler Bedeutung.

Da es schließlich in dieser Jahreszeit gegen neun Uhr abends doch schon recht kühl wird, trieb es uns in ein gepflegtes Caféhaus hinein. Der kurz gezogene schwarze Tee tat uns gut. Er wärmte den Körper und regte zudem noch den Geist an. Damit sich auch unsere Zungen lockern konnten, bestellten wir danach noch einen alten und dementsprechend teuren Cognac.

„Nachdem wir heute recht erfolgreich waren, können wir uns den schon leisten", sagte der Dolfi zu mir, als die Kellnerin die edlen Cognacschwenker zu unserem Tisch brachte.

„Ich habe dir ja in Straßwalchen bereits klar gemacht, dass du die Marktfahrerei noch so hinbekommen wirst, dass du ganz gut davon leben kannst", sagte ich beim Anstoßen.

Nach einer kurzen beiderseitigen Nachdenkpause brachte der Dolfi unser Gespräch wieder in Gang:

„Heute schaut es jedenfalls gut aus. Vor allem die Kinderbücher waren sehr gefragt."

„Und mich hat am Nachmittag einer von meinen zwei Hutlieferanten besucht; der renommierte Hutmacher Zapf ist extra die zirka 60 Kilometer lange Strecke von Werfen bis hierher gefahren, damit er mir seine neuen Trachtenhutmodelle zeigen konnte. Der Mann gefällt mir, so stelle ich mir einen engagierten bürgerlichen Geschäftsmann vor. Der Zapf ist wirklich immer für eine positive Überraschung gut."

„Ich habe auch noch eine Überraschung für dich im Talon, morgen wirst du staunen."

„Da bin ich schon verdammt neugierig, aber jetzt bin ich wirklich müde geworden, deshalb schlage ich vor, dass wir uns schleunigst auf den Weg machen in unser Nachtquartier."

„Das ist absolut auch in meinem Sinn."

Das Nachtquartier war nicht nur für mich, sondern für viele Standler traditionell der Oberndorfer Bahnhofswirt. Auf dem Weg dorthin hatten wir uns schon entschieden, dass wir auf ein spätes Abendessen verzichten könnten; wir spürten doch wie voll unsere Mägen noch waren von den vielen Schaumrollen, welche

uns die Nachbarstandlerin im Laufe des Tages geschenkt hatte. Um halb elf Uhr lag ich bereits im Bett. Somit war ich gut gerüstet für den zweiten Oberndorfer Markttag.
Der Dolfi wirkte auch sehr ausgeschlafen, als ich ihn beim Frühstücken traf. Kaum hatten wir eine Stunde später unsere Verkaufstätigkeit aufgenommen, war deutlich hörbar, welche Überraschung er für den heutigen Tag geplant hatte.
Plötzlich stand er vor einem Stehpult, das er in der rechten Ecke seines Standes positioniert hatte. Nach einer kurzen Konzentrationsphase begann er mit dem Vorlesen. Sehr gekonnt las er einige exzellent geschriebene Passagen aus den Büchern berühmter Autoren. Im Nu standen fast zwanzig Zuhörer vor seinem Stand, viele genossen nur die vorgelesenen Texte, einige kauften auch das eine oder andere Buch, aus dem vorgelesen wurde. Es sind ja nicht ausschließlich Kriminalromane, die neugierig machen auf das Ende der jeweiligen Geschichte.

Mit großem Vergnügen beobachtete ich die vielen Kunden vor meinem Nachbarstand. Ohne jegliches Neidgefühl hörte ich, wie die meisten Dolfis Kunst des Vorlesens lobten. Auch die Schaumrollenlady hat schnell registriert, was in unserer unmittelbaren Nachbarschaft los ist. „Der versteht sein Geschäft neuerdings", rief sie gleich zu mir herüber, als ausnahmsweise einmal keine Menschenseele ihren Stand ansteuerte.
Ich habe mich immer gefreut, wenn sie hin und wieder meine Nachbarin auf diversen Märkten war. Für uns war immer selbstverständlich, dass wir den jeweiligen Nachbarstand gewissenhaft im Auge behalten, wenn der Kollege oder die Kollegin einmal schnell weg muss wegen einer vollen Blase oder einer leeren

Kleingeldkassa. Ein paar Neulingen in unserem Metier ist dieses alte Zunftgesetz des Fahrenden Volkes leider nicht mehr so heilig wie den alten Hasen.

Im Laufe des zweiten Tages probierte der Dolfi auch noch aus, ob es gut ankommt, wenn die Musik aus seinem Kassettenrecorder auch ins umliegende Marktgelände strömt. Bald wurde ihm klar, dass diese Maßnahme erfolgreich war; seine benachbarten Kollegen fühlten sich nicht gestört und dem Publikum gefiel es. Viele Kunden erkundigten sich sogar, ob es die soeben gehörte Kassette auch zu kaufen gäbe. Nach Dolfis eindeutigem ‚Ja' durchstöberten manche gleich mehrmals hintereinander sein Musiksortiment. Ab dem späten Nachmittag wurde mein Freund noch etwas mutiger. Immer wieder legte er nach etlichen gängigen Schlagerkassetten eine mit besonders schöner klassischer Musik ein. Ich muss ehrlich zugeben, dass ich anfänglich befürchtet hatte, dass er damit das typische Kirtagspublikum eher vertreiben als anlocken würde. Zum Glück war meine Befürchtung unbegründet. Neben Gleichgültigkeit registrierte ich sogar echtes Interesse. Als ich dieses gerade bei einer älteren, wahrscheinlich aus dem Bauernstand kommenden Frau bemerkte, erinnerte ich mich an einen erfahrenen Pädagogen aus meiner Schulzeit, der seinen Schülern lehrte, dass die einfachen Leute sicher nicht so blöd sind wie viele Mitbürger aus den oberen Schichten der Gesellschaft dies vermuten. Dass ihn deshalb einige seiner Vorgesetzten mit der Bemerkung kritisierten, dass eine derart politische Äußerung in einer Schule nichts verloren hat, war ein gar nicht so untypisches Phänomen für die 60er und 70er Jahre.

Bevor wir uns auf den Heimweg machten, besuchten der Dolfi und ich wieder einmal den Spielzeugstandler in seinem Wohnwagen. Auf dem Weg dorthin gratulierte ich meinem Freund nochmals aufrichtig zu den neuen Ideen, mit denen er so erfolgreich gewesen war. Danach erkundigte er sich nach meinem Umsatz. „Der war auch in Ordnung, von den Filzhüten habe ich viele verkauft und bis die Strohhutzeit kommt, dauert es halt noch ein paar Wochen", sagte ich ihm. Weil ich während des Tages schon einmal überlegt hatte, dass der Wiener Strohhutproduzent Kernmayer für mich grundsätzlich als neuer Lieferant in Frage käme, fragte ich den Dolfi noch, ob er diese in seinem derzeitigen Wohnort beheimatete Firma kenne.

„Kenne ich absolut nicht", war seine Antwort. Nach einer sehr kurzen Nachdenkpause empfahl er mir allerdings eindringlich, in seiner Wohnung vorbeizuschauen, falls ich einmal zu dieser Firma fahren sollte.

„Bei uns kannst du brasilianische Speisen probieren, meine Freundin kennt gute Rezepte aus ihrer Heimat."

„Du hast mir noch nie gesagt, dass du mit einer Brasilianerin zusammenlebst."

„Sie wohnt erst seit kurzem bei mir in Wien, das nächste Mal erzähle ich dir mehr, falls du dann noch neugierig bist."

Im angesprochenen Wohnwagen genehmigten wir uns ein gutes großes Bierchen und ein paar kleine Salzbrezln. Alle anwesenden Standler beglückwünschten den Dolfi zu seinen neuen Ideen. Trotzdem blieben die aktuellen Modelle am Nutzfahrzeugmarkt vorerst das Thema Nr. 1. Anschließend wurden vorwiegend Anekdoten erzählt; manche waren derart amüsant, dass ich mir dachte, man müsste sie unbedingt aufschreiben und später einmal veröffentlichen in einem Buch, das etwa den Titel ‚Skurriles aus dem Stand' haben könnte. Mich amüsierte vor allem jene Geschichte, welche die Luftballongerti zum Besten gab: „Als ich vor einigen Jahren im Beisein einer Kollegin einem Kunden erzählte, dass ich am Vortag einen wunderschönen Frauenschuh gefunden habe, dachte diese Kollegin nicht im Geringsten an die eigentlich angesprochene, auch in Österreich vorkommende Orchideenart. Deshalb fragte sie mich allen Ernstes, weshalb ich nicht gleich den dazu passenden zweiten Schuh gesucht habe."

Auf dem Rückweg zu unseren Fahrzeugen berieten wir noch, welchen Markt wir als nächsten ansteuern könnten. Relativ schnell entschieden wir uns für den großen Wörtherseekirtag in Velden, der immer vierzehn Tage nach dem Ostersonntag auf dem Programm steht.
„Ich bin schon neugierig, mit welchen Einfällen du mich dort überraschen wirst", sagte ich noch zum Dolfi, während ich in meinen Lieferwagen stieg.

Einige Tage später rief er mich gut gelaunt an. Zuerst teilte er mir mit, dass er für den Wörtherseekirtag bereits zwei benachbarte Standplätze für uns beide reservieren konnte, anschließend erkundigte er sich, ob es für mich in Ordnung wäre, wenn er dort auf die kleine Fläche zwischen unseren Ständen eine Kiste hinstellen würde.
„Das passt schon", sagte ich sofort. Ich vermutete, dass es sich um eine Kiste mit Büchern handeln würde, für die in seinem Stand vorerst kein Platz frei wäre. Dass ich damit völlig falsch lag, habe ich erst in Velden begriffen.

Ich fuhr jedenfalls mit einer gewissen Vorfreude hin; mir war dieser Ort schon seinerzeit recht sympathisch geworden, als ich dort in den vorhin bereits erwähnten Sommersaisonen in einem renommierten Seehotel als Nachtportier gearbeitet hatte. Den Frühjahrskirtag gab es bereits damals. Ich verpasste ihn leider jedes Jahr knapp, weil ich erst ab Mai in diesem Hotel arbeiten konnte. Ich kann mich aber noch erinnern, dass mir unser etwas skurriler Hausmeister, gleich an meinem ersten Arbeitstag meiner zweiten Veldener Saison erzählte, dass sich die Chefin einer kleinen mobilen Geisterbahn beim soeben zu Ende gegangenen Kirtag spontan in einen Schnulzensänger verliebt hatte, nachdem sie sein Nummer-1-Hit mit dem Refrain ‚Mallorca ist hart, zurück an den Start' förmlich in Ekstase versetzt hatte.

Ich mochte meine ehemalige Arbeit im Wörtherseehotel vor allem wegen der interessanten Hotelgäste, mit denen ich hier zu tun hatte; wäre es ein garantierter Ganzjahresjob gewesen, wäre ich sicher ein paar Jahre länger geblieben.

Die absolute Chefin des Hauses war eine achtzigjährige Dame, die nicht im zwanzigsten Jahrhundert angekommen war. Als ihr zum Beispiel eines Tages eine Rezeptionistin mitteilte, dass sie für einen Minister der damaligen österreichischen Bundesregierung ein Zimmer reservieren solle, fragte die alte, sonst recht gutmütige Dame sofort, zu welcher politischen Richtung dieser Mann gehört.

„Er ist ein Sozialist", antwortete die Rezeptionistin.

„Sagen sie ihm, dass wir keines mehr frei haben", befahl daraufhin die alte Dame, bevor sie in einem kurzen Nachsatz brummte: „Sozialisten haben wir doch noch nie einquartiert, in meinem Alter fang' ich mir das nicht mehr an."

Ihr zirka 50jähriger Sohn war vorwiegend Sohn und nebenbei noch ein begeisterter Freizeitpilot. Alle paar Tage flog er, während die Angestellten im Hotel schufteten, mit seiner Cesna nahezu im Tiefflug übers Hotelareal. Dabei winkte er seiner Mutter, indem er mit den Tragflächen des Flugzeuges wackelte. Das machte diese derart stolz, dass sie gleich danach jedes Mal zu irgendeinem in der Nähe sitzenden Gast stakte und ganz aufgeregt herauspresste: „Haben Sie es gesehen, mein Sohn ist wieder in der Luft!"

Während in Oberndorf meine Wenigkeit als Erster bei unseren Standplätzen angekommen war, war dieses Mal der Dolfi der Schnellere beim Aufstellen.
Ich staunte nicht schlecht, als mich nicht nur er begrüßte, sondern auch eine fesche dunkelhaarige junge Frau. „Das ist die Maria Leal", sagte er ohne jede weitere Erklärung.
„Wenn ich das richtig sehe, ist das die Dame aus Brasilien", sagte ich besonders galant. Weil der Dolfi nicht gleich reagierte, nahm die Fremde das Heft selber in die Hand und sagte in beachtlich gutem Deutsch zu mir: „Ja, komme aus Brasilien, aus Nordbrasilien. Bin noch vier Monate in Wien als Tanzlehrerin in Kulturzentrum und in Volkshochschule. Bin Spezialistin für brasilianischen Tanz Ciranda und wohne jetzt bei Dolfi, Sie wissen ja, die Liebe."
„Ich bin ein Freund von Dolfi und heiße Peter. Für meine Freunde allerdings auch Pedro. Ich würde mich freuen, wenn auch wir Freunde würden und Freunde sollten sich duzen", antwortete ich.
„Natürlich, ist große Ehre für mich."
„Für mich auch."
„Trinken wir Rum, kleines Glas? Habe in Auto."
„Sehr gern. Später bin dann ich an der Reihe."

Als wir die Gläser geleert hatten begannen wir gleich mit dem Ausräumen unserer Lieferwägen.
Mir gefiel, dass die Maria ordentlich zupacken konnte. Obwohl sie ein wenig grazil wirkte, hob sie – zumindest anfänglich – mit beeindruckender Leichtigkeit schwere Schachteln und Kisten aus dem Fahrzeug.

Eine auffällig bunt bemalte leere Kiste, die mein Freund nach dem Ausladen hinter seinem Auto abstellte, erregte sofort mein Interesse.
„Was kommt da hinein?", fragte ich ihn.
„Nichts", antwortete er.
Als er merkte, dass ich ihn ratlos anstarrte, klärte er mich gleich auf: „Also, das ist die Kiste, die ich etwas später umgedreht, mit dem Boden nach oben, auf die kleine Freifläche zwischen unseren Ständen stellen will."
„Wozu soll das gut sein?"
„Hast du schon einmal vom Speakers Corner im Hyde Park gehört?"
„Ja."
„Mit dieser Kiste haben wir jetzt eben einen Speakers Corner beim Kirtag. Da kann sich jeder, der den Leuten etwas sagen will, drauf stellen und eine Rede halten."

Ich muss zugeben, dass ich im ersten Moment etwas verwirrt war. Nach einigen Minuten kam ich aber zum Ergebnis, dass diese Idee einen Versuch wert wäre. Allein schon deshalb, weil Neugierige angelockt würden, was fürs Geschäft nie schaden kann. Deshalb sagte ich jetzt zum Dolfi: „Ganz blöd ist das eh nicht, was du da vor hast."

„Ich habe eigentlich noch etwas Neues vor, ich hoffe, dass auch das gut ankommt."
„Was denn?"
„Während die Maria verkauft, werde ich den Leuten wieder etwas vorlesen. Dieses Mal aber hauptsächlich Sachen, die ich selber geschrieben habe."
„Wann hast du etwas geschrieben?"
„Ich schreibe schon seit Jahren, habe aber meine Texte bisher noch niemandem vorgelesen oder gezeigt."
„Hoffentlich ist das nicht ein derart rebellisches Zeugs, dass du gleich vor den Kadi kommst; bei dir weiß man ja nie welche Verrücktheit die nächste sein wird." „Rebellisch ist immer gut."
„Dolfi, du bist wirklich ein wilder Hund."

Als mein Freund etwas später seine Kiste zum angekündigten Platz gebracht hatte, stellte er noch einen Dreiecksständer daneben, auf den er ein großformatiges Papierblatt geklebt hatte. Auf diesem stand geschrieben, wie er sich die Benützung seiner improvisierten Redebühne vorstellt:

1. Hier dürfen ALLE reden
2. ALLE Themen sind erlaubt
3. KEINE persönlichen Verunglimpfungen
4. Redezeit MAXIMAL 10 Minuten

Da sich vorerst niemand auf die Kiste traute, stellte er sich schließlich selber hinauf und versprach dem ersten, der nach ihm hinaufgeht und eine kleine Rede hält, zwei Gratisbücher aus seinem Sortiment. Auch das bewirkte noch nichts. Etwas später wiederholte er diese Aktion. Jetzt hatte er mehr Glück; sofort stieg ein offenbar aus Hermagor stammender Gailtaler hinauf und erzählte den vor ihm stehenden Leuten in einem geradezu anbiedernden Tonfall, dass er die Idee, jedem Bürger die Chance zu geben ein Anliegen öffentlich vorzubringen, ausgesprochen gut fände. Dann sprang er schnell wieder herunter, um sich seine Gratisbücher auszusuchen. Dieses sichtlich einschmeichelnde und gierige Verhalten regte einen anderen Besucher derart auf, dass sich auch dieser auf die Kiste schwang und den Zuhörern aufgeregt erklärte, dass seiner Meinung nach von diesem Platz aus gewisse Sauereien angeprangert werden müssten und nicht so berechnende Schleimereien hinausposaunt werden sollten wie jene des Vorredners.

Nach diesem Redner wagten sich vorerst noch drei weitere auf die Kiste des Kirtags-Speakers-Corner, ehe sie etwa eine halbe Stunde lang verwaist an ihrem Platz stand. Trotzdem sprach es sich schnell herum, welche Attraktion zwischen dem Hut- und dem Bücherstand bestaunt werden kann. Deshalb kamen im Lauf des Tages immer mehr Mutige, um hier ihre Anliegen unters Volk zu bringen. Vorerst ging es bei diesen Volksrednern unter anderem um den schlechten Zustand einer viel befahrenen Landesstraße, um die zunehmende Bautätigkeit am Ufer des Wörthersees oder um das Faktum, dass von November bis April in den umliegenden Fremdenverkehrsorten fast alle Gasthäuser oder Hotels geschlossen sind.
Turbulent wurde es vor unseren Standln erst am frühen Nachmittag, als ein Angehöriger der slowenischen Minderheit die Interessen seiner Volksgruppe unter die Leute bringen wollte.

Sofort wurde er ausgepfiffen und aufgefordert, den Mund zu halten.

Danach stieg ein Mann auf die Kiste, der sehr emotional die Position eines eher rechtsnationalen Kärntner Heimatbundes erläuterte. Viele Bravorufe übertönten die zahlenmäßig unterlegenen Buhrufer.

Für die schnelle Beruhigung der aufgepeitschten Stimmung war es von großem Vorteil, dass auch der allseits geschätzte Altbürgermeister von Villach dem Kärntner Heimatbündler zugehört hatte und gleich wusste, dass er jetzt seine ganze Autorität ins Wortgefecht werfen musste. Erstaunlich flink für seine altersmüden Glieder stieg er auf die Kiste des Speakers Corner und machte den Zuhörern klar, dass nur ein bisschen mehr Verständnis für die Anliegen der anderen Volksgruppe ein friedliches Zusammenleben der Menschen in Kärnten ermöglichen würde.

Nachdem wieder Ruhe eingekehrt war begann der Dolfi erneut mit dem Vorlesen seiner Texte. Mir gefiel vor allem die Lyrik gut. Obwohl sie keine gesellschaftskritische Poesie im engeren Sinn ist, kann man sie nicht als unpolitisch bezeichnen. Ich erinnere mich, dass selbst eines seiner schönen Frühlingsgedichte eigentlich politisch war. Es enthielt zum Beispiel folgende Strophe:

> Wenn der Frühling kommt
> schrauben die Veilchen
> sich hurtig nach oben
> und merken nach ′nem Weilchen
> es läuft falsch da droben

Die Kindergedichte, die er den vielen kleinen, sehr aufmerksam zuhörenden Kirtagsbesuchern vorlas, schienen den meisten der konservativen Erwachsenen zu skandalös. Etliche Kinder haben allerdings noch eine Stunde später mit Begeisterung ein kurzes Gedichtlein mit dem Titel ‚Abendlied' aufgesagt, auch wenn sie merkten, dass es ihren Eltern peinlich war. Ich glaube, es besteht aus folgenden Zeilen:

>Müde bin ich
>geh zur Ruh
>und lasse
>einen Puh.
>Pfui
>sagst du

Alles zusammen, seine Texte, sein Speakers Corner und vielleicht auch die exotische Frau, dürfte letztlich bewirkt haben, dass der Dolfi einem braven Kärntner Bürger derart suspekt war, dass dieser die Gendarmerie ersuchte, den auffälligen Standler einmal etwas genauer unter die Lupe zu nehmen.

Kurz vor sechzehn Uhr standen deshalb plötzlich zwei Gendarmen, die ihre Einfältigkeit nur sehr schwer hinter ihrer Uniform verstecken konnten, vor dem Stand meines Freundes. Vorerst ließen sie sich seinen Gewerbeschein und seinen Personalausweis zeigen, dann nahmen sie den Reisepass und die Aufenthaltsgenehmigung seiner Freundin unter ihre Beamtenlupe. Danach erhoben sie noch weitere persönliche Daten wie derzeitiger Wohnsitz, durchschnittliches Monatseinkommen, aktuelles Familienverhältnis usw.

Schließlich teilten die Beamten dem Dolfi mit, dass er eine Anzeige zu erwarten habe wegen Anstiftung zu einer unangemeldeten politischen Kundgebung. Als sie sogar die Speakers-Corner-Kiste noch beschlagnahmen wollten, erklärte er beiden in einem erstaunlich ruhigen Ton, dass sie dazu ohne richterlichen Beschluss keineswegs befugt seien. Dieser Einwand verunsicherte die übereifrigen Gesetzeshüter derartig, dass sie die Kiste schließlich stehen ließen.

Als die Gendarmen endlich weit genug weg waren, tröstete ich meine Freunde, indem ich ihnen sagte, dass die Anzeige dieser beiden Trottel geradezu absurd und deshalb keine Strafe zu erwarten sei.

„Das weiß ich auch, aber ich weiß auch, dass dieser Staat nicht unbedingt Verwaltungs- oder Gerichtsstrafen braucht, wenn er einen aufmüpfigen Bürger demütigen will", antwortete der Dolfi. „Und ich weiß, dass wir jetzt ein paar Flaschen Bier brauchen!"

Kaum hatte ich das gesagt, rannte ich los zum kaum drei Minuten entfernten Parkhotel. Als ich schließlich mit sechs Flaschen Bier zurückkam gab mir die Maria ein kurzes Küsschen auf die Wange, dann sagte sie zum Dolfi: „Pedro ist guter Mann, weiß wann wir Stoff brauchen."

Während wir dieses herrliche Getränk genossen, hörten wir eine Bob Dylan-Kassette, welche mein Freund speziell für mich in seinen Kassettenrecorder eingelegt hatte. Er wusste ja bereits, dass ich ein großer Fan dieses amerikanischen Künstlers bin.

Die Dylan-Songs lockten sogleich drei junge Burschen an. Diese dürften auch beobachtet haben, dass vorhin die Gendarmen hier aufgetaucht waren. Als sich die Drei zu uns gesellt hatten, sagte

nämlich einer der Jugendlichen sofort: „Die Bullen sind alle voll deppert!"
Ich erlaubte ihnen, obwohl ich diese Äußerung so nicht unterschreiben könnte, trotzdem, dass sich jeder eine Flasche Bier nehmen dürfe. Dann sagte der Dolfi zu jenem Burschen, für den alle Gendarmen offenbar ‚depperte Bullen' sind: „Dass alle ‚Bullen', wie du sie abfällig nennst, obwohl wir oft froh sein können, dass es sie gibt, deppert sind, ist sehr unwahrscheinlich. Es werden ja auch nicht alle Lehrer deppert sein. Außerdem wird es auch unter euch Lehrlingen oder Schülern nicht lauter Ungustln geben."
Nach dieser kurzen Zurechtweisung genossen wir alle zusammen Bier und Dylan.
Danach luden wir unsere übrig gebliebenen Waren wieder in die Fahrzeuge; an diesem Tag hatten wir wirklich keine Lust mehr auf Kirtag. Nachdem uns die drei Burschen freiwillig beim Einladen geholfen hatten, schenkte der Dolfi jedem ein Buch aus seinem Sortiment.
„Ich hoffe, wir sehen uns bald wieder", rief ich der Maria und dem Dolfi noch zu, bevor ich losfuhr.
„Sicher", antwortete der Dolfi. Und die Maria versprach noch schnell: „Bei nächste Treffen, wir tanzen Ciranda."

Ein paar Tage später telefonierte ich erneut mit ihm. Bei diesem Gespräch vereinbarten wir, dass wir als nächstes den Kirtag in Mürzzuschlag ansteuern werden.

Eigentlich verlief dieser Markttag die längste Zeit recht erfreulich. Die Kunden waren durchwegs freundlich und kauflustig; einige wagten sich zudem auf die bunte Kiste in Dolfis Speakers Corner.

Irritiert hat mich an diesem Tag nur, dass am frühen Nachmittag viele Marktfahrer von mehreren Behördenmenschen äußerst streng kontrolliert wurden. Von amtsärztlichen Zeugnissen bis zum Zulassungsschein fürs Fahrzeug wurde alles genau unter die Lupe genommen.

Ich selbst war nicht unter den Kontrollierten, der Dolfi, welcher dieses Mal ohne Maria angereist war, allerdings schon. Er war danach sogar überzeugt, dass die ganze Aktion von höherer Stelle überhaupt nur seinetwegen angeordnet worden war.

„Jetzt übertreibst du aber ordentlich", sagte ich zu ihm, bevor ich ihn provokant fragte: „Hast du denn nicht mitbekommen, dass nicht nur du kontrolliert wurdest, sondern mindestens zwanzig andere Marktfahrer auch."

Mit dem Einwand „So blöd sind die doch nicht, dass sie nur mich und meine Freunde kontrollieren, das würde doch zu auffällig sein", versuchte er sofort, meine Sicht der Dinge zu korrigieren. Diese Überlegung brachte meine Meinung zwar etwas ins Wanken, trotzdem konnte ich mich nicht durchringen, dem Dolfi Recht zu geben.

Da ich nach diesem Tag, der so angenehm begonnen hatte, ab den Nachmittagsstunden nicht mehr besonders gut gelaunt war und der Dolfi bereits große Sehnsucht nach seiner Maria hatte, gingen wir nach dem Ende dieses Kirtages nicht mehr in ein Gasthaus, obwohl wir das ursprünglich vorgehabt hatten.

„Wir telefonieren", sagte er noch schnell, bevor er davondüste.

Als ich meiner Frau am nächsten Tag erzählte, wie der Dolfi die Kontrollen in Mürzzuschlag eingeschätzt hatte, sagte sie: „Wenn er Recht hat, dann haben andere Marktfahrer büßen müssen für

seine rebellische Art. Beliebt wird er sich damit jedenfalls nicht gemacht haben."
„Das habe ich bisher noch gar nicht bedacht", antwortete ich.

Am Abend dieses erholsamen freien Tages rief mich der Dolfi an. Er wollte nur wissen, ob er auch für mich einen Standplatz beim demnächst stattfindenden Mödlinger Kirtag reservieren soll.
„Das brauchst du nicht, ich habe derzeit keine Lust, schon wieder so weit zu fahren", antwortete ich ihm freundlich.
„Dann fahre ich alleine hin, für mich als Wiener liegt Mödling ja sehr günstig".

Zwei Tage später kam sein nächster Anruf: „Stell dir vor", sagte er, „aus Mödling erhielt ich heute die Nachricht, dass es keinen freien Standplatz mehr gibt."
„Das kann ich mir nur schwer vorstellen. So viel mir bekannt ist, fahren nicht viele Kollegen nach Mödling. Die vorwiegend gutbürgerlichen Menschen dort sind ja kein gutes Publikum für uns", antwortete ich.
„Aber es ist eine Tatsache, dass ich keinen Platz bekomme!"
„Pass auf, wir machen das jetzt so. Ich rufe in ein paar Minuten in Mödling an und frage, ob noch ein oder zwei Standplätze zu haben wären. Wenn ich noch Plätze bekäme, dann hat man dich angelogen. Also, ich melde mich gleich wieder."

Ich muss zugeben, dass ich absolut baff war, als mir die freundlich wirkende Dame des Mödlinger Marktamtes gleich sagte, dass noch mehr als genug Plätze frei wären.
Das Ergebnis meines Telefonats teilte ich natürlich umgehend dem Dolfi mit.

„Man hat dich wirklich angelogen", sagte ich.
„Das wundert mich nicht, ich kenne mein Heimatland zu gut", antwortete er.
„Wie kann ich dir helfen?"
„Gar nicht kannst du mir helfen. Ich muss mir selber helfen, indem ich spätestens im Herbst nach Brasilien gehe mit der Maria."
„Für eine längere Zeit?"
„Gut möglich."
Danach legte er gleich auf. Ratlos und deprimiert saß ich danach im Wohnzimmer. Im Moment war ich überhaupt nicht fähig, einen klaren Gedanken zu fassen.

Als ich am nächsten Vormittag wieder etwas klarer war im Kopf, meldete ich mich erneut bei meinen Freund: „Hallo Dolfi, hast du dich schon wieder etwas erholt von dem gestrigen Schock?"
„Es geht halbwegs."
„Sehen wir uns demnächst wieder bei einem Jahrmarkt?"
„Nein, ich habe inzwischen beschlossen, dass ich mit der Marktfahrerei ab sofort aufhöre. Ich konzentriere mich in den nächsten Monaten aufs Portugiesischlernen. Wahrscheinlich werde ich bis September ein paar Tage pro Woche in einem einfachen Wiener Hotel als Nachtportier arbeiten, da kann ich auch eifrig Vokabeln büffeln."
„Sehen wir uns wenigstens noch einmal, bevor du sozusagen auswanderst?"
„Gerne, du und deine Frau, ihr seid jederzeit willkommen bei uns. Die Maria wird sich auch freuen, euch noch einmal zu sehen."
„Also dann, ich melde mich demnächst. Und: Kopf hoch, Dolfi!"

Ende Juni hatte meine Frau eine Woche Urlaub. In den ersten Tagen legten wir uns zu Hause auf die faule Haut. Am vierten Tag krochen wir auf unseren fast zweitausend Meter hohen Hausberg. Mit einem Muskelkater in den Beinen und vielen Fragen im Kopf fuhren wir am nächsten Nachmittag zu unseren Freunden nach Wien. Das Angebot, bei ihnen zu übernachten, nahmen wir sehr gerne an. Ich wollte ihnen als Gastgeschenk eine Schallplatte mit Sambamusik überreichen. Meine Frau war aber der Meinung, dass dies keine gute Idee sei, weil man nicht Eulen nach Athen tragen sollte. Schließlich entschieden wir uns für ein Album mit Fotos vom Marktfahrerleben.

Damit machten wir unseren Gastgebern wirklich eine große Freude, mit viel Begeisterung blätterten sie gleich nach unserer Ankunft darin.

Das von Maria gekochte Essen war übrigens grandios. Ich hatte ja bisher nie typisch brasilianisch gegessen und war deshalb sehr überrascht, wie herrlich der Bohneneintopf Feijoada schmeckte. Als Nachspeise wurde dieses Bolo de rolo serviert, das man anscheinend in ganz Nordbrasilien kennt.

Nachdem die erste Flasche Weißwein geleert war, hatte ich endlich den Mut, Dolfis Zukunftschancen in Brasilien anzusprechen. Ich hatte nämlich Angst, dass diese nicht so rosig wären wie er sie einschätzte. Zudem hatte ich noch immer die Hoffnung, dass ich ihn doch noch vom Auswandern abhalten könnte, wenn ich meine diesbezügliche Skepsis gut begründen würde.

Deshalb fragte ich ihn gleich einmal etwas provokant, ob er sich sicher sei, dass er in Brasilien seinen Traumjob finden würde. Bevor der Dolfi antworten konnte sagte die Maria zu uns allen: „Dolfi ist doch ein Poet. In meiner Heimat Nordbrasilien gibts viele Dichter, die immer zu Jahrmärkten reisen, meistens auf Motorrad, manchmal Autostopp. Auf die Märkte sie lesen vor und dann verkaufen billige Heftchen, damit Leute auch zu Hause lesen können was diese Dichter geschrieben."

„Dazu muss man aber erst einmal die portugiesische Sprache beherrschen", wandte ich sofort ein.

„Das ist nicht so schwer, spreche schon jetzt mit ihm viel portugiesisch", sagte sie, bevor sich der Dolfi kurz selber meldete mit der lapidaren Feststellung „Ich lerne Sprachen relativ schnell, in einem halben Jahr kann ich viel schaffen mit Marias Hilfe."

Im Grund genommen könnte es mir völlig egal sein, ob mein Freud unser Heimatland gern oder ungern verlässt. Leider ist es mir nicht egal, es schmerzt mich, wenn ein Freund dieses Österreich überhaupt nicht mehr schätzt, dieses Österreich, das ich oft kritisiere aber nur selten total verdamme, weil ich es trotz allem noch halbwegs mag.

Deshalb sagte ich spontan zum Dolfi: „Es ist doch nicht alles schlecht in unserem Land."

„Das weiß ich auch", sagte er zustimmend; nach einer kurzen Nachdenkpause fügte er allerdings noch an: „So lang du zu allem Ja und Amen sagst hier, so lang du dir alles gefallen lässt, wirst du keine Schwierigkeiten haben, wird man dir kaum Prügel vor die Füße werfen. Aber wenn du dir nur ein paar Mal erlaubst, gewisse Ungereimtheiten anzusprechen, dann gehörst du irgendwie nicht mehr dazu, dann behandelt man dich wie einen Aussätzigen, mit dem man nichts zu tun haben will, dem man keinen Gefallen tun will, dem man keine Gemeindewohnung gönnt, dem man keinen Posten im Staatsdienst gibt, dessen Bücher man totschweigt und

dessen Mitgliedschaft im Tennisverein man mit einer fadenscheinigen Begründung nicht mehr verlängert. Weil das die Menschen hier wissen, verhalten sie sich auch dementsprechend. Gerade die einfacheren Leute, welche hin und wieder die Hilfe unseres Staates oder staatsnaher Organisationen brauchen, machen schon lange den Mund nicht mehr auf. Sie wissen nur allzu genau, welche Folgen dieses Pappn aufreißen haben könnte. Im Grund genommen lebt hier nur die Oberschicht wirklich angstfrei, da sie den Staat als ihre Marionette betrachtet, die nach ihrem Willen tanzt. Ich weiß natürlich schon, dass es auch in Brasilien viele Schweinereien gibt, auch in Brasilien werden die Ohnmächtigen von den Mächtigen betrogen. Aber dort demonstrieren viele für Veränderungen, während in meinem Land fast alle, die es besser wissen müssten, gegensätzliche Klasseninteressen verleugnen und zudem ständig so tun, als wäre immer alles in Ordnung gewesen, als würde auch in Zukunft alles in bester Ordnung sein.
Da es dort, wo ich demnächst hingehe mit der Maria, nicht nur klimatisch, sondern auch menschlich wärmer ist, werde ich nicht so schnell zurückkommen. Auch wenn es mir leid tut, dass ich demnächst den persönlichen Kontakt zu solch netten Menschen wie euch Beiden mehr oder weniger abbrechen muss."

Nach dieser ziemlich langen Rede wäre es einige Minuten lang absolut still gewesen in der Wohnung, wenn auch der automatische Geschirrspüler mitgespielt hätte.
Die Maria war es dann, die sehr genau spürte, dass es nun Zeit war, das Thema zu wechseln. Deshalb gewährte sie uns während der nächsten halben Stunde einen Einblick in ihren Beruf als Tanzpädagogin. Später machten wir noch ein paar Brettspiele,

welche von vier Personen besonders gut gespielt werden können. Um etwa ein Uhr nachts gingen wir schlafen. Ich wollte mit meiner Frau am kommenden Vormittag in Wien ja noch einiges besichtigen.

Als wir uns am nächsten Tag um etwa neun Uhr von unseren liebenswürdigen Gastgebern verabschiedeten, waren wir allesamt etwas traurig. In dieser Stimmung hatte ich natürlich wenig Lust aufs geplante Sightseeing. Als mir meine Angetraute verraten hatte, dass es bei ihr ähnlich sei, entschieden wir uns spontan für die sofortige Heimreise. Während der langen Fahrt dachte ich mir einmal, dass ich wahrscheinlich nie auswandern werde; ich vermutete, dass ich dafür viel zu feig wäre. Wenn ich das meiner Frau erzählt hätte, würde sie wohl geantwortet haben: „Das ist aber auch die einzige Feigheit, die du dir erlauben darfst."
Vielleicht hätte sie mich danach sogar zärtlich geküsst.

Der Sohn
Ein Altpolitiker erzählt

Natürlich fahre ich lieber zu einer Taufe als zu einer Beerdigung. Vorerst dachte ich, dass dies bei all meinen Zeitgenossen ebenso der Fall sein wird, sobald sie jene Kindheitsphase hinter sich gelassen haben, in der ein gerade aus dem Bauch der Mutter geschlüpftes Wesen nur als lästige Konkurrenz gesehen wird.
Inzwischen kenne ich aber genug gierige Leute, die ihre Ansprüche auf eine künftige Erbschaft durch ein nicht mehr erwartetes Schwesterchen derart massiv bedroht sehen, dass sie nur äußerst widerwillig der Taufe eines späten Geschwisterchens beiwohnen.

Ich selbst hätte mich wahrscheinlich sogar im Kindesalter gefreut, wenn mir meine Eltern ein paar Geschwister geschenkt hätten. Als Jugendlicher oder als Erwachsener wäre meine diesbezügliche Freude ebenfalls ungetrübt gewesen, weil ich mich bereits im neunzehnten Lebensjahr einer marxistischen Jugendgruppe angeschlossen hatte und deshalb die Wörter Erbschaft und Privatvermögen sehr schnell einen schalen Beigeschmack bekommen hatten.

All diese Gedanken kamen mir am Vorabend jener Kindstaufe in den Sinn, zu der ich an einem der letzten Märztage des Jahres 2007 nach Linz fuhr. Es waren allerdings völlig unnötige Überlegungen, da es für mich als langjährigem Freund der Familie dort außer herrlicher Festtagslaune und einem vollen Bauch nichts zu erben gab.

Damit ich mir vor dem Beginn der Zeremonie noch ein Aufwärmbierchen in der gutbürgerlichen Linzer Gaststätte ‚Klosterhof' genehmigen konnte, hatte ich bereits den Neunuhrzug ab Salzburg genommen. Hätte ich allerdings vorher gewusst, welch eigenartiger und anstrengender Zeitgenosse in Attnang-Puchheim in meinem Abteil, in dem ich bis dahin alleine saß und völlig ungestört die vorbeiziehende liebliche Landschaft genießen konnte, Platz nehmen würde, hätte ich sicher einen früheren oder einen späteren Zug gewählt.

Kaum hatte mein neuer Reisegenosse die Abteiltüre hinter sich geschlossen, fragte er mich in einem energischen Ton: „Wohin geht denn die Reise an diesem wunderschönen Sonntag?"
„Nach Linz", antwortete ich reserviert, ehe ich demonstrativ zur neben mir liegenden Tageszeitung griff um zu signalisieren, dass ich momentan keine Lust auf ein längeres Gespräch hätte.
Offensichtlich kam dieses Signal bei meinem Mitreisenden in keinster Weise an. Als er seinen Koffer aufs Gepäckfach schob, belästigte er mich nämlich schon mit der nächsten Frage: „Und was führt Sie heute in unsere schöne Landeshauptstadt?"
Nach dieser Frage wusste ich also dass dieser dicke, zirka sechzig Jahre alte Mann in seinem sichtbar zu engen Trachtenanzug und dem gepflegten Führerbärtchen ein Oberösterreicher sein musste. Weil ich nicht gänzlich unhöflich sein wollte, antwortete ich nach einem kurzen Zögern doch noch relativ ausführlich auf die gerade gestellte Frage: „Eine mit mir schon lange befreundete Familie lebt seit drei Jahren in der Linzer Altstadt. Die Tochter des Hauses hat kürzlich einen Sohn zur Welt gebracht, der heute um zwölf Uhr im Linzer Dom getauft werden soll. Da ich zu

diesem feierlichen Akt und dem anschließenden Fest eingeladen bin, sitze ich jetzt in diesem Zug."

Hätte ich vorher gewusst, was die Erwähnung des Wortes ‚Sohn' nun auslösen würde, hätte ich wohl geschwiegen oder einen anderen Satz formuliert.
Wie aus der Pistole geschossen plapperte nämlich mein Gegenüber sofort drauflos:
„Ich habe auch einen Sohn, der ist allerdings schon längst erwachsen. Geboren wurde er seinerzeit in Ried. Dieses Kind blieb leider unser einziges. Meine Frau verunglückte nämlich bei der Innviertler-Semperit-Rallye als Streckenpostin tödlich, als es gerade das erste Lebensjahr vollendet hatte.
Bald nach diesem tragischen Ereignis war ich gezwungen, das Schicksal des zarten Knäbleins in die Hände der Schwestern des koptischen Kinderheims in Linz zu legen. Soweit ich informiert bin, wurde diese Anstalt bereits nach der zweiten koptischen Diaspora im Jahr 1690 auf dem Pöstlingberg errichtet. In der auch heute noch vorbildlich wirkenden Institution blieb der Bub bis zu seinem sechsten Lebensjahr. Anschließend steckte ich ihn in eine Walddorf-Schule. Diese naturnahen Bildungsstätten der wenigstens halbwegs strengen Walddorf-Pädagogen waren auch in meinem Freundeskreis viel beliebter als die Freilaufställe der Waldorf-Pädagogen.
Schließlich absolvierte der Filius am Wiener Kahlenberg noch die staatliche Lehranstalt für bergbäuerliche Landwirtschaft. Ich empfahl ihm diese Schule deshalb so eindringlich, weil mein Firmpate ein Weltkriegskamerad des damaligen Direktors war. Dadurch war jederzeit gewährleistet, dass er von einem mächtigen

Fürsprecher beschützt würde. Man weiß ja, dass die Ostfrontfreundschaften noch besser halten als die CV-Freundschaften.
Den Zivildienst leistete der Bub in der Entzugsklinik Obergurgl, welche als höchstgelegene Entziehungsanstalt Europas einer breiten Öffentlichkeit bekannt sein dürfte. Obwohl er von den Obergurglern gut aufgenommen worden war, verlor er dort, ausgerechnet in einem Gebirgsdorf also, die ihm am Kahlenberg eingeimpfte Schwärmerei für die bergbäuerliche Landwirtschaft, in welcher er auf Grund seiner Ausbildung und meiner Kontakte einmal eine führende Position in der Landwirtschaftskammer hätte einnehmen können.
Trotz des Zivildienstes entschied er sich zum Glück schließlich doch noch für eine militärische Laufbahn. Ein Jahr nach der Grundausbildung kam er bereits in die Maria-Theresianische-Militärakademie in Wiener-Neustadt. Man kann wohl sagen, dass dies die nächste, wahrscheinlich sogar die entscheidende Stufe war, die der junge Kerl auf seinem steten Weg in die höchsten Ränge der Gesellschaft mit Bravour nahm.
Nur zehn Jahre nach der Ausmusterung als Marineleutnant stand er als Admiral an der Spitze der Österreichischen See- und Donaustreitkräfte.
Diese Aufgabe bewältigte er zweifellos ganz im Sinn seines Ministers. Seine Einheit fiel noch nie in der internationalen Boulevardpresse durch negative Schlagzeilen auf und so ist es leicht möglich, dass mein Sprössling demnächst von gewissen im Hintergrund agierenden einflussreichen Männern in ein noch bedeutenderes Amt gehievt werden wird. Kürzlich war er bereits als künftiger Verteidigungsminister im Gespräch. Er wäre nicht das erste Regierungsmitglied in unserer Familie; ich selber war ja

im Kabinett Kreisky IX als Staatssekretär im Gesundheitsministerium sehr erfolgreich. In meiner Funktion war ich verantwortlich für Hausgeburten, gesunde Ernährung und Bestattungen.
Im Kabinett Kreisky X war ich von Anfang an leider nur mehr für die männlichen Hausgeburten zuständig. Die weiblichen wanderten ins Frauenministerium und die Ernährungskompetenz ging ans Wissenschaftsministerium. Außerdem landete die Bestattung beim neu ernannten Minister ohne Portefeuille. Als mir später der Familienminister auch noch die männlichen Hausgeburten wegnehmen wollte, bat ich äußerst gekränkt um meine Entlassung aus dem Kabinett, obwohl mir kurz vorher – als Trostpflaster sozusagen – die Zuständigkeit für Seuchen und Geschlechtskrankheiten angeboten worden war.
Nach meiner Verabschiedung kehrte ich umgehend in jene Küche zurück aus der ich ursprünglich gekommen war, bevor ich mich durch Raffinesse und Protektion ins Regierungsteam hochgedient hatte. Es war dies die Küche des Pionierbataillons 3, das seit Jahrzehnten in meiner Garnisonsstadt Ried stationiert ist."

Nach einer höchstens einminütigen Pause, in der ich meinen Kopf demonstrativ zum Abteilfenster drehte, ging dieses nervende Geschwafel gleich wieder los.
„Kennen Sie die wunderschöne Stadt Ried?", fragte er mich, ehe er anfügte: „Wenn Sie einmal dort hin kommen, müssen Sie mich unbedingt besuchen."
„Ich kenne in Ihrem Bundesland nur Braunau und Mauthausen", sagte ich zu diesem komischen Vogel nach einer kurzen Nachdenkpause in der Hoffnung, dass ich ihn damit provozieren oder vielleicht sogar zum Verstummen bringen könnte. Diese Hoff-

nung erfüllte sich nicht, meine Äußerung hatte nur zur Folge, dass er mir berichtete, dass sein Sohn einmal eine Freundin gehabt hatte, welche eine gebürtige Braunauerin ist. Nachdem ich auch das nicht unbedingt wissen wollte, entschied ich mich spontan zur Flucht in den Speisewagen.

Bei dem Wort ‚Speisewagen' öffneten sich meine Augen. Da ich nicht in diesem saß, sondern nach wie vor im engen Zugabteil, war ich wohl kurzfristig eingenickt.
„Habe ich geschlafen?" fragte ich den mir immer noch gegenübersitzenden beleibten Herrn sofort.
„Ich hatte gerade begonnen, von meinem Sohn zu erzählen, als Ihnen die Augen zugefallen sind", antwortete er.
„Aber jetzt sind Sie ja wieder ganz wach", stellte er dann zufrieden fest, bevor er mir die Fortsetzung unseres Gespräches anbot.

„Entschuldigen Sie, aber ich brauche jetzt unbedingt einen kleinen Imbiss." Mit diesen Worten öffnete ich die Abteiltür und machte mich jetzt wirklich auf den Weg zum Speisewagen.
Dort dachte ich darüber nach, ob ich diese seltsame Familiengeschichte geträumt oder vielleicht doch in einem halbwachem Zustand tatsächlich gehört hatte.
Eine klare Antwort auf diese Frage finde ich bis heute nicht. Ich weiß nämlich seit langem nicht mehr, was inzwischen in meinem Heimatland Österreich alles möglich ist. Sowohl im positiven als auch im negativen Sinn.

Auch als ich später im ‚Klosterhof' saß, ließ mich dieses Zugerlebnis noch immer nicht los. Nun war ich mir gar nicht mehr so sicher, ob dieser mir von Anfang an unsympathische Reisebegleiter ein irrer oder nur ein anstrengender Schwafler war, oder doch etwas ganz anderes: vielleicht ein begabter Autor, ein Kabarettist oder ein Regisseur, der während unserer Zugfahrt die spontane Idee hatte, eine neue Theaterszene zu kreieren.

Eine humane militärische Familientradition

Während die Mehrzahl der Österreicher seit Jahrzehnten am 26. Oktober die Verpflichtung unseres Landes zur immerwährenden Neutralität feiert, denke ich an diesem Tag immer an meinen im zaristischen Russland geborenen deutschsprachigen Großvater und an die Freudentränen, die ihm wegen des am 26. Oktober 1917 von den Sowjets beschlossenen Dekrets über den Ausstieg aus dem Ersten Weltkrieg wohl über die Wangen gekullert sein werden.
Dieser Entschluss der Sowjets machte meinen Großvater endgültig zum Kommunisten.

Keinerlei Begeisterung für diesen Weltkrieg hatte mein Opa bereits beim Einrücken im Jahr 1914. Förmlich zum Kriegsgegner wurde er spätestens 1916, als er eine gewonnene Schlacht mit dem Verlust seines bereits für den Ehering reservierten rechten Ringfingers bezahlte. Zudem landeten einige Handgranatensplitter auch in seinem Arsch; selbst viele Jahre nach dem Ende dieses Krieges, als er längst nach Österreich ausgewandert war, hörte man von ihm noch den komischen Satz „Mein Arsch ist im Arsch." Deshalb verpasste ihm ein Nachbar einst den Spitznamen Arsch-Juri. Dieser Name bürgerte sich im Lauf der Jahre in unserer Gegend derart ein, dass vor allem die jüngeren Mitbürger den wirklichen Namen meines Großvaters gar nicht mehr kannten. Sein Sohn, der später mein Vater werden sollte, hieß deshalb, der Namensgebungsitte unseres Tales entsprechend, eben Arschjuri-Hansi.

Mein pazifistischer Opa, von dem mein Vater stets mit großer Ehrfurcht erzählte, war auch jener Mann, welcher diese militärhumanistische Familientradition, von der ich nun eingehender berichten möchte, als erster praktizierte.

Er dachte sich nämlich, als er im 1. Weltkrieg eine Funktion innehatte, die man im militärischen Jargon als Späher bezeichnet, einen Trick aus, welcher Soldaten auf beiden Seiten der Front einige Wochen lang das gegenseitige Abschlachten ersparte.
In den meisten Armeen war es damals ja Usus, dass ein Soldat, welcher eine feindliche Waffe erbeuten konnte, mit mindestens vier Wochen außerordentlichem Heimaturlaub belohnt wurde.
So überredete mein Opa – wenn er als Späher auf einen Feind traf, dessen Gesichtsausdruck auf Intelligenz und Gutmütigkeit schließen ließ – diesen mit freundlichen Worten zum Waffentausch. Nachdem er mit seiner vernünftigen Idee im August 1917 bereits zum vierten Mal erfolgreich gewesen war, bekam er von seinem Kommandanten sogar einen niederen militärischen Orden verliehen. Mit diesem schmückt mein Enkelkind derzeit ihren geliebten Plüschaffen, wenn er in ihren äußerst kreativen Spielen einen Helden darstellen muss.

Auch meinem Vater blieb das Soldatentum nicht erspart. Obwohl er im österreichischen Ständestaat wegen seiner sozialistischen Gesinnung von einem austrofaschistischen Kripobeamten ins Gefängnis gesteckt worden war, war er den Nazis ab 1939 gut genug als Polizist und später sogar als Frontkämpfer.

Als junger Polizist konnte mein Vater in einer polnischen Stadt wenigstens eine Zeit lang die geheimen Papiere, in denen jene jüdischen Bürger aufgelistet waren, welche für den nächsten Transport in ein Konzentrationslager vorgesehen waren, an eine illegale jüdische Organisation weiterleiten, damit diese rechtzeitig untertauchen konnten. Als er dann 1944 an die Front strafversetzt wurde, bemühte er sich redlich, den Millionen toter Soldaten nicht noch weitere hinzuzufügen.
Im Jänner 1945 lief er schließlich zu den Russen über, obwohl ihn im Gegensatz zu seinem Vater die sozialistische Bewegung mehr faszinierte als die kommunistische. Meine Großmutter kommentierte diese kleine Dissonanz in unserer Familiengeschichte später relativ gelassen mit dem für sie recht typischen Satz: „Der Apfel ist ja trotzdem nicht weit vom Stamm gefallen."

Auch ich bemühte mich, als ich meinen Wehrdienst leisten musste fast zwangsläufig, das Militärische mit dem Humanen zu sabotieren; ab dem ersten Tag meines Präsenzdienstes im Jahr 1969 hatte ich das heftige Gefühl, dass ich dies meinen Vorfahren schuldig wäre.

Weil es damals noch keine Möglichkeit gab Zivildienst zu leisten, musste ich an diesem nebeligen Herbsttag in die Kaserne Siezenheim einrücken. Nachdem ich mich halbwegs unauffällig durch die sogenannte Grundausbildung gekämpft hatte, kam ich in eine keinesfalls durch irgendeine Hektik gestörte Schreibstube, welche für den Fuhrpark, die Tankstelle und das Bekleidungswesen zuständig war.

Allerdings wurde mir bald klar, dass ich in dieser Schreibstube einerseits völlig problemlos an die meisten Formulare und Stempelkissen herankommen konnte, aber andererseits keine Chance hatte, einen der extra versperrten Kompaniestempel zu grapschen. Also machte ich mich schleunigst daran, diese aus Radiergummis zu schnitzen. Glücklicherweise war zudem mein bester Kumpel in der Kompanie ein derart begnadeter Unterschriftenfälscher, dass nach etlichen Trainingseinheiten die Unterschrift unseres Majors keine große Herausforderung für ihn war.

Nach diesen für ein gutes Gelingen unverzichtbaren Vorbereitungen wurde der Präsenzdienst für mich und die anderen Soldaten unserer Einheit wenigstens nach Dienstschluss immer angenehmer und lustiger. Die damals noch gültige Uniformpflicht beim Verlassen der Kaserne setzten mein Kumpel und ich für viele Kameraden bald mit von mir abgestempelten und von ihm unterschriebenen Formularen mit der ungewöhnlich langen Titelzeile ,Ausnahmegenehmigung zur Befreiung vom Uniformzwang beim Verlassen der Kaserne' außer Kraft. Ebenso konnten wir mit gefälschten Papieren jederzeit das Verlassen der Kaserne bis in die frühen Morgenstunden genehmigen. Natürlich waren auch die Heimfahrgenehmigungen fürs Wochenende eine leichte Übung.
Und wenn eine größere Gruppe von Präsenzdienern abends gemeinsam einen stadtbekannten Bierkeller anpeilen wollte, orderte ich mit dem entsprechenden Formular einen Heereslastwagen für den Transport.
Viel Respekt bei den Soldaten anderer Kompanien und sogar bei rüpelhaften Zivilisten außerhalb der Kaserne verschafften wir uns

mit Offiziersuniformen, die uns als Gegenleistung für mehrere von uns ausgestellte Urlaubsscheine ein Kamerad aus der Kleiderkammer besorgt hatte. Da unser Kompaniekommandant und die Unteroffiziere nach Dienstschluss durchwegs sofort zu ihren Familien nach Hause fuhren bemerkten die Vorgesetzten mein rühriges militärhumanes Treiben die längste Zeit überhaupt nicht. Zwei Wochen vor dem Ende meines Präsenzdienstes schöpfte ein inzwischen im Kompaniegebäude wohnender dümmlicher Korporal einen gewissen Verdacht. Zum Glück konnte ich ihn sofort auf meine Seite ziehen indem ich ihm versicherte, dass ich demnächst eine Generalsuniform für ihn bestellen werde. Außerdem stellte ich ihm in Aussicht, dass ich ihn mit einem perfekt gefälschten Kommandantenbrief an die Salzburger Landesregierung für die Verleihung der Lebensrettungsmedaille in Gold vorschlagen werde. So konnte ich nach neun Monaten doch noch unauffällig abrüsten.

Leider zu unauffällig; sonst wäre es ja nicht möglich gewesen, dass ich nur ein Jahr später zu einer Übung des ausschließlich für den sogenannten Ernstfall vorgesehenen Landwehrstammregiments 81 einberufen wurde. Mit dieser Einheit sollte ich im Dritten Weltkrieg als – wie es im Einberufungsbefehl hieß – Kraftfahrer und Melder zur Rettung des Vaterlandes beitragen. Mein berechtigter Einwand, dass ich für diese Aufgaben eigentlich ungeeignet sei, weil ich keinen Führerschein besitze, führte nur dazu, dass man ein sichtlich betagtes HMW-Moped für mich organisierte. Zudem beglückte mich der zuständige Waffenunteroffizier mit einer alten russischen Maschinenpistole, deren Lauf sichtbar verbogen und deren Handhabung mir nie erklärt worden war.

Falls Sie, sehr verehrter Leser, demnächst einmal einen schon etwas älteren Herrn mit einem mausgrauen Oldtimermoped sichten, dann schauen Sie bitte nach, ob aus seinem Jausenrucksack eine russische MP 42 hervorlugt. In diesem Fall wissen Sie eines ganz bestimmt: Der befürchtete Ernstfall, der Zweieinhalbte oder gar der Dritte Weltkrieg, wird ehestens eintreten; sofern er nicht schon ein oder zwei Stunden vorher unauffällig eingetreten ist.

Als ich einmal in meiner Tageszeitung las, dass nun auch Frauen Militärdienst leisten können, schlug ich unserer Tochter vor, unsere Familientradition väterlicherseits, mit der ich sie schon als Kindergartenkind durch bombastische Erzählungen vertraut gemacht hatte, jetzt ins neue Jahrtausend hineinzutragen. Da sie damals noch in einer späten spätpubertären Phase war, lehnte sie meinen Vorschlag vorerst einmal recht unwirsch ab. Außerdem schlug sich zu meiner Verwunderung auch meine Frau sofort auf ihre Seite.

Inzwischen ist das Mädel auch schon vierundzwanzig Jahre alt geworden. Derzeit plant sie die Hochzeit mit einem politisch weit links stehenden Studenten aus Padua. Deshalb fragte ich sie, ob sie ihren Beruf als Köchin ihrem Freund zuliebe nicht lieber in Italien ausüben möchte. Gottlob stieß ich mit meinem Anliegen gleich auf derart offene Ohren, dass ich es auch bald wagte, mit meinen Hintergedanken herauszurücken: "Es ist nämlich so", sagte ich nun, „dass es in der Nähe von Padua einen großen NATO-Stützpunkt für Kampfbombereinsätze gibt, in welchem wahrscheinlich immer wieder einmal eine gute und zudem mehrere Sprachen beherrschende Köchin gebraucht wird."

„Ich glaube, ich verstehe dich, ich höre die Nachtigall schon trapsen", antwortete das Töchterlein überraschend verständnisvoll. „Ja", fuhr ich dann fort, „du weißt doch, dass niemand ein Kampffliegergeschwader so schnell und unauffällig zur Mannschaftstoilette und notfalls ins Krankenrevier befördern kann wie eine ausgefuchste Köchin."

Bisher konnte ich sie trotz ihrer grundsätzlichen Bereitschaft für einen derartigen Friedensdienst noch nicht endgültig für meinen Vorschlag begeistern. Ich glaube aber, dass es nur mehr eine Frage der Zeit ist, bis sie sich bei der NATO bewerben und anschließend zu mir sagen wird: „Eigentlich hast du schon recht, man schmeißt doch als junger Mensch eine derart alte und edle Familientradition wie die unsrige nicht so mir nichts dir nichts über den Haufen."

Heute Vormittag habe ich übrigens in einer ausgezeichneten deutschen Wochenzeitung einen sehr interessanten Artikel gelesen über die neuesten computergesteuerten Lenkwaffensysteme der USA. Wirklich beeindruckend, für mich persönlich sogar derart beeindruckend, dass ich später beim Mittagsschläfchen die folgende, sehr intensive und sogar gereimte Zukunftsvision geträumt hatte:

Mein Enkerl
sitzt seit Stunden schon
im Pentagon
mit einem Shit
in der Kuchlschürzn
und lässt Computer abstürzen.

Interview mit einem ungewöhnlichen Autor

Der Heinrich, ein etwas skurriler Freund meines Vaters, lebte als Finanzbeamter seit dem Jahr 1952 in Schärding.
Die beiden lernten sich im Herbst 1939 als Regimentskameraden beim Einmarsch der Hitlerarmee in Polen kennen.
Einige Jahre nach dem Kriegsende wurden aus den zwei deutschen Soldaten zwei österreichische Beamte. Nachdem sie nie Mitglied einer nationalsozialistischen Parteiorganisation waren, wurden sie problemlos in den Staatsdienst aufgenommen, obwohl es ihnen vor dem Krieg nicht möglich gewesen war, eine Berufsausbildung abzuschließen oder eine Höhere Schule zu besuchen.

Ebenso zufällig wie mein Vater bei der Gendarmerie landete, landete der Heinrich bei den Finanzern. So werden im Volksmund vor allem jene Finanzbeamten genannt, welche vorwiegend im Außendienst tätig sind. Dazu zählen heutzutage beispielsweise Betriebsprüfer und Schwarzarbeiterkontrollore. Bis zum Ende des vergangenen Jahrhunderts gab es noch Finanzer mit sehr speziellen Tätigkeiten, die – aus heutiger Sicht betrachtet – geradezu absurd waren; man könnte sogar sagen, dass sie eine einzige Narretei waren.

Zwei dieser merkwürdigen Aufgaben hatte auch der Heinrich bis zu seiner Pensionierung im Jahr 1979 zu bewältigen.
Einerseits musste er in seinem Bezirk bei den Verkehrskontrollen der Gendarmeriebeamten dabei sein, um die Steuermarken

der Kraftfahrzeuglenker zu kontrollieren. Diese Kontrolle oblag nämlich nicht den Exekutivbeamten des Innenministeriums, sondern ausschließlich den Finanzbeamten – Ordnung um jeden Preis musste halt sein im Nachkriegsösterreich.

Andererseits musste der Heinrich Ausschau halten nach illegalen Schnapsbrennern, den sogenannten Schwarzbrennern.

Es hatte ja jeder Bauer, der auf seinem Hof Schnaps brennen wollte, den Finanzer rechtzeitig zu informieren, damit dieser die Alkoholproduktion überwachen und danach die errechnete Steuer einkassieren konnte.

Der Heinrich widmete sich speziell dem Aufspüren von Schwarzbrennern mit einer derartigen Hingabe, dass ihn die Bauern heimlich Branntweinspitz nannten.

Als er eines Tages davon Wind bekam war er schwer gekränkt. Deshalb kontrollierte er von diesem Tag an noch unerbittlicher als zuvor. In fast jeder Nacht schlich er nun, seine Schnüffelnase stets leicht nach oben gezogen, durch die dünn besiedelte Landschaft.

Damit er in seinem Metier ein wahrer Meister werden konnte, kaufte er sich einige Jahre vor der Pensionierung einen jungen Hund, den er in Eigenregie zu einem speziellen Schnapsspürhund ausbildete. Deshalb musste dieses arme Vieh in seiner Hundehütte Nacht für Nacht neben stark nach Alkohol riechenden Schnapsflaschenkorken schlafen.

Zu seinem kleinen Geburtstagsfest lud er, neben einigen anderen Gästen, auch meinen Vater regelmäßig ein. Ab meinem zehnten Lebensjahr durfte auch ich mehrmals nach Schärding mitfahren, wenn ich dazu Lust hatte und außerdem meine Schulnoten halbwegs passabel waren.

Am Tag nach der mehrstündigen abendlichen Feier stand jedes Jahr ein Ausflug in die nähere Umgebung auf dem Programm, der meistens in einem hervorragenden Innviertler Gasthaus endete.

Mir gefiel diese Gegend schon seinerzeit ausgesprochen gut. Als ich vor etlichen Monaten einen Fernsehfilm sah, welcher in dieser Region gedreht worden war, hatte ich sofort wieder Lunte gerochen und mir deshalb vorgenommen, demnächst wieder einmal in diesen Landstrich zu reisen.

Nachdem die teuflische Sommerhitze endlich einer milden Herbstluft Platz gemacht hatte, trat ich meine Reise an. Ich nahm den Zug; mein geliebtes Fahrrad durfte im Gepäckwaggon mitreisen. Nach der Ankunft am Bahnhof Schärding radelte ich in die Innenstadt. Dort fand ich nach kurzem Suchen ein schönes und trotzdem preiswertes Hotelzimmer.

Es hat sich schon einiges verändert seit damals, dachte ich mir, als ich am späten Nachmittag in der Altstadt herumstrolchte. Trotzdem hatte die kleine Stadt ihr vorwiegend barockes Antlitz noch nicht verloren.

Auch den außergewöhnlich gemütlichen Bierkeller, den der Heinrich und mein Vater einst sehr gerne besucht hatten, gab es noch. In diesem trank ich vor der Rückkehr ins Hotel noch zwei Krügerl Bier auf das Wohl der beiden inzwischen schon längst verstorbenen Helden, die ihren Beamtenstolz seit mindestens zehn Jahren nur mehr im Himmel zelebrieren können. Ob der Himmelvater eine derartige Marotte überhaupt duldet, weiß ich bei Gott nicht.

Am nächsten Tag radelte ich ins dünn besiedelte, leicht hügelige Umland. Dort standen noch immer die alten Vierkanthöfe recht stolz in der Landschaft. Selbst die radikalsten ökonomischen, ökologischen und politischen Veränderungen konnten ihnen scheinbar nichts anhaben.
In den Ortszentren dominierten immer noch die Pfarrkirche, der Pfarrhof, das Gemeindeamt und ein oder zwei stattliche Wirtshäuser.

In einem Dorf mit dem etwas seltsamen Namen Kopfing kehrte ich am frühen Nachmittag schließlich in einem gepflegten Gasthof ein. Da hier gerade eine Hochzeit gefeiert worden war, spielten im Saal noch ein paar Musikanten die hierzulande äußerst beliebten Landlermelodien.

Ich nahm an einem der bereits leer gewordenen Tische in der Gaststube Platz. Ursprünglich wollte ich hier nur jausnen; als der Duft eines Schweinsbratens meine Nase umwehte, entschied ich mich spontan für dieses Gericht. Nach dem Essen griff ich zu einer beliebten Regionalzeitung, dem Innviertler Echo, welche auf der Holzbank, die den Kachelofen auf drei Seiten umrahmt, gänzlich unbeachtet herumlag. Im Kulturteil fand ich dann etwas, das mich total verblüffte. Es handelte sich um ein Interview, welches ein Redakteur dieses Blattes mit einem in Kopfing lebenden Autor namens Oswald Wildzahn führte. Nachdem ich den Artikel sogar ein zweites Mal gelesen hatte, war ich davon überzeugt, dass dieser mir bisher völlig unbekannte Schriftsteller eine durchaus interessante Persönlichkeit sein dürfte. Deshalb wäre es wohl eine schier unverzeihliche Sünde, wenn ich Ihnen, sehr verehrter Leser, dieses Interview vorenthalten würde:

Redakteur: Sehr geehrter Herr Wildzahn, wer oder was brachte Sie auf die Idee, literarisch tätig zu werden?

Wildzahn: Mein Talent erkannte als Erster ein Universitätsprofessor, als ich ein 16jähriger Gymnasiast war. Ich wurde nämlich in diesem zarten Knabenalter von einem Mitschüler aus einem finanzkräftigen Elternhaus zu einem seiner ersten Bordellbesuche mitgenommen. Die für mich kaum wahrnehmbaren körperlichen Reize meiner Dame, welche vermutlich um einiges älter war als meine Mutter, lockten mich im Zusammenspiel mit meiner ausgeprägten Schüchternheit leider nicht in ein ausgesprochen erotisches Erlebnis. So blieb es ausschließlich bei einem langsam in Gang kommenden Mutter-Sohn-Gespräch.
Nachdem ich mich dabei als Gymnasiast geoutet hatte, bat mich die Dame, die offenbar mit der deutschen Sprache ein wenig auf Kriegsfuß stand, dass ich ihr gelegentlich beim Schreiben jener Liebesbriefe helfen solle, mit denen sie einen Hamburger Zuhälterkönig bezirzen wollte. Einen dieser nahezu von mir alleine formulierten Briefe entdeckte eines Tages zufällig einer ihrer Stammkunden. Es handelte sich dabei eben um diesen in der Nachbarstadt lebenden Universitätsprofessor eines germanistischen Instituts. Da sich die erwähnte Liebesdienerin in ihrer sprichwörtlichen Hurenehrlichkeit nicht mit fremden Federn

schmücken wollte, flüsterte sie ihm letzlich meinen Namen als Adressaten für seine fachmännische Bewunderung ins Ohr. Einige Tage später machte sie uns auf seinen Wunsch hin in einem Caféhaus miteinander bekannt. Von diesem Tag an hatte ich einen kompetenten Mentor an meiner Seite, dem die Förderung meiner literarischen Karriere ein ehrliches Anliegen war, obwohl ich eine derartige Karriere damals überhaupt nicht angestrebt hatte.

Trotzdem schrieb ich im Laufe der folgenden Jahrzehnte immer wieder einmal einen künstlerisch wertvollen Text; vor allem an jenen Tagen, an denen sowohl das Wetter als auch das Fernsehprogramm besonders schlecht waren. Am liebsten in jenen seltenen Stunden, in denen die abendliche Melancholie nicht mit einer intellektuellen Wachheit im Clinch lag.

Redakteur: Welche Themen behandeln Sie derzeit in ihren Texten?

Wildzahn: Hauptsächlich bizarre für Tötungsdelikte. Vor allem die wesentlichsten Motive für solche Delikte. Ich bin aber keinesfalls ein sogenannter Krimiautor. Krimiautoren sind meist nur gehemmte mittelprächtige Lokalreporter, die mit einer ausufernden, aber kaum lesenswerten Phantasie gestraft sind.

Neben diesen zentralen Themen gibt es noch ein Randthema, das sporadisch in den Mittelpunkt meiner schriftstellerischen Tätigkeit rückt. Es handelt sich dabei um die von unserer Gesellschaft sehr oberflächlich als Außenseiter abgestempelten Menschen, die sich fortwährend irgendwo verstecken wollen vor lauter Angst, dass die große Meute der dackelwesigen Spießbürger sie irgendwann totbeißen würde.

Redakteur: Gab es unter ihren Vorfahren schon Literaten oder sind Sie der erste?

Wildzahn: Meine Vorfahren aus dem vorletzten Jahrhundert waren durchwegs begabte Bänkelsänger. Jene aus dem letzten Jahrhundert waren vorwiegend brave Bankangestellte. Meine Familie hat sich also herunter gearbeitet von den Höhen der Kunst in die Tiefen des profitgierigen Lakaientums. Weil ich als einziger meiner Sippe diesen Weg in die Niederungen des Kommerziellen nicht nehme, verweigert mir meine gesamte Verwandtschaft seit Jahrzehnten jegliche Zuneigung.

Redakteur: Wie schaut es mit Veröffentlichungen aus?

Wildzahn: Die meisten meiner bisherigen Werke entsprachen nicht meinen hochgesteckten Erwartungen und landeten deshalb im Papierkorb. Diejenigen, welche höchsten Ansprüchen genügen, bewahrte ich in einer wunderschönen Mappe auf. Diese wurde mir allerdings vor etwas mehr als einem Jahr von einem Ehrgeizling, der mir die längste Zeit vorgespielt hatte, dass er ein Freund wäre, geklaut. Für die darin befindlichen Texte fand er sofort einen sehr renommierten Verlag, der sie in Buchform groß herausbrachte. Dieser Idiot ist nun schlechthin das Wunderkind der deutschsprachigen Literatur.
Dass nicht ich als Autor dieses Werks gelte, ist mir im Prinzip sogar recht. Mir ist meine Ruhe heiliger als das Geld.
Manchmal gehe ich trotzdem an die Öffentlichkeit mit meinem literarischen Schaffen. Ich lese zum Beispiel alljährlich am Seppentag im Kopfinger Kirchenwirt meinen Mitbürgern die

gelungensten neuen Texte vor. Danach spielt die Sauwalder Tanzlmusi auf, bis das letzte Fass geleert ist.

Ein paar Mal ließ ich mich früher auch zu einer öffentlichen Lesung meiner Texte von einem Kulturveranstalter namens Bahner in sein kleines Städtchen kutschieren, weil dieses Städtchen reizend und er selber – im Gegensatz zu all seinen Kollegen und Kolleginnen aus der Kulturgschaftlerbranche – keine narzisstische Persönlichkeit ist.

Leider konnte man mich vor etlichen Jahren einmal in einem beinahe zum totalen Gedächtnisverlust führenden Schnapsrausch zu einer Lesung im Salzburger Literaturhaus überreden.

Während dieser Veranstaltung, die einige Monate später über die Bühne ging, zeigte mir aber das ständige Hüsteln im Saal sehr bald, dass meine Texte dem pseudointellektuellen Publikum auf dem Weg vom Kopf ins Herz höchstwahrscheinlich im Hals stecken geblieben waren.

Diese Erfahrung war für mich derart fürchterlich, dass ich sicher nie mehr ein derart aufgemotztes Kunstetablissement betreten werde. Im Salzburger Literaturhaus würde man mich auch gar nicht mehr engagieren. Offenbar hatte nämlich der Leiter dieses Hauses kürzlich das vom Manuskriptdieb auf den Markt gebrachte Buch gelesen. Deshalb erhielt ich kurz darauf einen bitterbösen Brief, in welchem er mich beschuldigte, einen geklauten Text gelesen zu haben. Im letzten Satz des Briefes kündigte er sogar an, dass er diesen Sachverhalt zur Anzeige bringen werde.

Ich hätte halt vorher wissen müssen, dass ein Schriftsteller, der sich mit den Haxlstellern und Schleichhändlern der überall lauernden Kulturmafia einlässt, auf jeden Fall der Gelackmeierte ist.

Ich werde meinen Wohnort, wo ich etwas derart Peinliches wie in Salzburg noch nie erlebt habe, obwohl der Ortsname Kopfing zu den fürchterlichsten Erwartungen Anlass gäbe, nach diesem Desaster jedenfalls in der näheren und wahrscheinlich auch in der ferneren Zukunft nicht mehr verlassen.

Redakteur: Sie fühlen sich also in Ihrer Kopfinger Wohnung halbwegs wohl?

Wildzahn: Durchaus. Ich wohne ja alleine in einem recht ordentlichen Seitentrakt eines Schlosses. Diesen stellt mir ein äußerst gebildeter Adeliger, der ein großer Verehrer meiner Dichtkunst ist, seit Jahrzehnten zur Verfügung. Natürlich ist mir auch eine Bedienerin zugeteilt. Falls sich diese in mich verlieben sollte, jage ich sie zum Teufel.

Redakteur: Wie schauen eigentlich Ihre Zukunftspläne aus?

Wildzahn: Ich habe kürzlich einen Germanistikstudenten aus dem afrikanischen Staat Ghana engagiert, der jene Texte, die ich nach dem erwähnten Diebstahl noch geschrieben habe, derzeit archiviert, und jene, welche mir im nächsten und zugleich letzten Schreibjahr noch zufliegen werden, ebenfalls noch archivieren wird. Danach werde ich dieses Konvolut bei einem Notar hinterlegen zur Veröffentlichung nach meinem Todestag. So kommt mein wenigstens derzeit noch liebenswürdiges Enkelkind einmal zu einer Erbschaft. Mich lässt nämlich das primitive, vom kapitalistischen Denken geprägte Gefühl, dass man umsonst gelebt hat, wenn man seinen Nachkommen nichts vererben kann, noch immer nicht ganz los, obwohl mein Verstand ständig dagegen ankämpft.

Meine letzten Lebensjahre möchte ich unbedingt einem längst fälligen Entwicklungshilfeprojekt zum Wohle meiner Heimat widmen. Mich ärgert es ja schon lange, dass die besten moralischen Werte unserer Gesellschaft mehr und mehr den Bach hinunter gehen und unsere Politiker diese Schande auch noch unentschuldbar verniedlichen mit dem ständigen Gequatsche vom unaufhaltsamen Wertewandel. Deshalb möchte ich demnächst fünfzig Männer und Frauen aus Landstrichen, in denen vernünftige traditionelle Werte noch nicht so spurlos verschwunden sind wie im Dickicht unserer Städte oder in der Eventkultur unserer Tourismuszentren, einladen, damit diese wenigstens die Gesellschaft meines Heimatbundeslandes doch noch zur Vernunft bringen, bevor diese moralisch vor die Hunde geht.
Ich denke bei diesen Missionaren und Missionarinnen an Weinbauern aus den entlegensten Gegenden Griechenlands, an Straßenkünstlerpärchen aus Guatemala, an Bergbäuerinnen aus Bolivien oder an Indianerhäuptlinge aus dem Süden Kanadas.
Als Organisator dieses längst schon fälligen Entwicklungshilfeprojekts hat sich bereits mein afrikanischer Germanistikstudent qualifiziert. Finanziert wird es wohl vom Schlossherrn werden. Hoffentlich schlittert mir mein Graf nicht so bald in den Konkurs.

8. Dezember
Mariä Empfängnis

Für die Katholiken ist dieser Feiertag eigentlich ein Festtag zum Würdigen der Heiligen Maria. Für Einkaufswirbelhasser eher ein Festtag zum Würgen der Heiligen Maria.
Als ich noch nicht so bibelfest war wie jetzt dachte ich ja irrtümlich, dass am 8. Dezember der Beginn von Marias Schwangerschaft gefeiert wird.
Deshalb war der Jesus für mich die längste Zeit entweder ein wundersames Frühchen, das sich bereits nach wenigen Wochen im Mutterleib in den Säuglingsalltag stürzte, oder ein über ein Jahr lang ausgetragenes Knäblein.

Diese religiöse Unwissenheit brachte mich vor vielen Jahren bei einem Glühweinstand in eine brenzlige Situation. Ich artikulierte in meinem illuminierten Zustand nämlich sehr undeutlich, als der Zeugungstag und der Geburtstermin des Gottessohnes zur Debatte stand.
So kam es, dass mein Gegenüber Früchtchen statt Frühchen verstand. Dieses Gegenüber war ein erzkonservativer Kerl, der das Wort Früchtchen keineswegs als Charakteristikum unseres Er-lösers dulden wollte. Deshalb hätte ich mir damals beinahe eine ordentliche Adventwatschn eingehandelt. Die Geduld eines gerade Früchtepunsch trinkenden Katholiken ist halt bald einmal am Ende, wenn er hört, dass irgendein dahergewankter Glühweinstandltschecherant den Jesus ein Früchtchen nennt.

Auch mein atheistischer Freund versteht oft das Falsche; statt Mariä Empfängnis hört er justament immer Maria Gefängnis. Er glaubt wahrscheinlich, dass die mutige Mutter dieses Revoluzzers namens Jesus in einer Art von Sippenhaftung irgendwann eingelocht worden war, weil sie immer zu ihrem rebellischen Sohn stand; selbst dann noch, als er bereits mit dem vermeintlichen Hürchen Maria Magdalena durchs Land zog. Mein Freund kann, so wie ich ihn einschätze, diese einst heiliggesprochene Maria zwar nicht als Heilige akzeptieren, allerdings würde er sie trotzdem als Schutzpatronin einer linken Frauenbewegung am richtigen Platz sehen.

Nachtrag, nachtragend gemeint:
Kürzlich bedauerte im Radio ein katholischer Wirtschaftskammerfunktionär, der diesen kirchlichen Feiertag hauptsächlich als Melkkuh für Handelsbetriebe schätzt, „dass die Bedeutung dieses Marienfeiertages für den Handel derzeit eher abnimmt."

Gendarmenweihnacht mit Kindern

Bereits in den ersten Dezembertagen des Jahres 1958 rieselten unaufhörlich Schneeflocken vom Himmel, besonders stark schneite es allerdings erst während der letzten Adventwoche. Für die Erwachsenen war dieser außergewöhnliche Schneefall durchaus ein Gesprächsthema, den Kindern war in diesen Tagen vor dem großen Fest das aktuelle Wettergeschehen naturgemäß ebenso egal wie die Lernerei. Alle Buben und Mädchen dachten nur noch an den bevorstehenden Heiligen Abend, an den leuchtenden Christbaum und an die köstlichen Süßigkeiten; vor allem aber an die sehnsüchtig herbeigewünschten Geschenke. Dass auch ich, als gerade Achtjähriger, seit Tagen nur noch den vierundzwanzigsten Dezember im Kopf hatte, kann nicht verwundern.

Mein Vater, der auch an diesem Tag in der etwa dreißig Kilometer entfernten Marktgemeinde Golling als Gendarmeriepostenkommandant Dienst hatte und erst am späten Nachmittag wieder zu Hause erwartet wurde, konnte meiner Mutter deshalb bei den letzten Vorbereitungen fürs abendliche Fest nicht behilflich sein. Während sie ihn beim alljährlichen Christbaumschmücken nicht vermisste, ärgerte sie sich über seine Abwesenheit beim zeitweise mühsamen Befeuern des schon recht betagten Kachelofens allerdings oft derart, dass ihr Flüche über die Lippen kamen, wie ich sie in dieser Fülle nur selten zu hören bekam. Kreuzkruzifixnocheinmal oder Hundskrüppelverdammtes waren noch die harmlosesten.

Dieser Schimpforgie entging ich aber in diesem Jahr, da mein Vater erstmals einwilligte, dass ich bereits am Vormittag mit dem Postautobus alleine zu seiner Dienststelle fahren und bis zur gemeinsamen Rückfahrt dort bleiben durfte. Ich hatte ihn schon mehrmals besucht und wusste daher, dass sich diese im Zentrum des gepflegten Ortes befand; unmittelbar neben einer alten Burganlage und in der Nähe eines kleinen Sees, den tagsüber vorwiegend Pensionisten und abends vorwiegend Liebespärchen umrundeten.

Auf der gesamten Strecke war ich der einzige Fahrgast im großräumigen Autobus.
Die Reise durch eine in tiefem Schnee versunkene Landschaft, vorbei an kleinen Weilern, Dörfern, Flussufern und Waldrändern, brachte mich schon bald in eine angenehme Heilig-Abend-Stimmung. Dazu trug auch bei, dass mir der Buschauffeur mit viel Begeisterung erzählte, wie er und seine Familie diesen Abend gestalten würden. Die damals noch in den Postautobussen angebrachten Schildchen mit dem Hinweis ‚Das Sprechen mit dem Fahrer ist während der Fahrt strengstens verboten' wurden schon deshalb kaum beachtet, weil die Buschauffeure selber oft das Gespräch mit Fahrgästen auf den vorderen Sitzen suchten.

Als ich die Dienstelle betrat bemerkte ich sofort, dass ich auch dieses Mal nicht das einzige Kind am Posten war. Die Kinder der anderen Gendarmen hüpften bereits fröhlich herum, ein kleineresAmtszimmer ähnelte eher einem Kinder- als einem Dienstzimmer.

Heute weiß ich, dass eine derartige Kinderschar bei vielen Gendarmeriestationen nicht nur am vierundzwanzigsten Dezember herumtollte. Ein Postenkommandant, der den Gendarmenkindern den Aufenthalt in seinem Reich untersagte, wurde sehr schnell als unkollegialer und unfreundlicher Spinner abgestempelt. In Orten, in denen ein derartiger Chef das Sagen hatte, waren auch die Schulnoten der Gendarmenkinder durchwegs schlechter als dort, wo die jungen Beamten, deren Schulwissen noch gut abrufbar war, gelegentlich beim Erledigen der Schulaufgaben halfen oder zwischendurch mit den Kollegenkindern spielten. Gottseidank war es aber so, dass die familiär gesinnten Vorgesetzten in den späten Fünfzigerjahren weitaus in der Überzahl waren. Dies dürfte wahrscheinlich auch bewirkt haben, dass bis weit in die sechziger Jahre hinein die Anzahl der Gendarmenkinder und Postamtsleiterkinder in den Gymnasien und Handelsakademien überdurchschnittlich hoch war. Weshalb aber ausgerechnet solche Kinder in Höheren Technischen Lehranstalten meistens scheiterten, ist bis heute offenbar nicht erforscht worden. Die Lösung dieses Rätsels wäre eine lohnende Aufgabe für einen Dissertanten eines pädagogischen Universitätsinstituts.
Es wäre nicht nur eine lohnende, sondern auch eine gut entlohnte Tätigkeit. Die Beamtengewerkschaft hat ja gerade für derartige Arbeiten nicht unerhebliche finanzielle Mittel zur Verfügung.

Früher übten die Staatsbeamten ihren Dienst generell noch legerer aus als heutzutage. Es war beispielsweise durchaus üblich, dass sich ein Exekutivbeamter in der Amtsstube ein wärmendes oder erfrischendes Fußbad gönnte, während er Niederschriften in eine Schreibmaschine tippte.

Wer auf Grund meiner bisherigen Schilderungen glaubt, dass in den Fünfzigerjahren alles erlaubt war in den diversen Amtsstuben, der irrt allerdings gewaltig. Die notwendige Arbeit wurde durchaus erledigt und wenn ein Beamter in seinem Verhalten über das Ziel hinausschoss, hatte er natürlich mit Bestrafungen zu rechnen.

Ich denke dabei an den einzigen Ordnungshüter einer kleinen Gemeinde, der in seiner Dienstzeit auf dem vom Bürgermeister gepachteten Erdäpfelacker die Ernte einbrachte und deshalb vom kontrollierenden Offizier erst mühsam gesucht werden musste.

Dieser Beamte wurde beispielsweise sofort von der angesehenen Bundesgendarmerie zur minder beleumundeten Bundespolizei abgeschoben. Dort musste er bis zu seiner Pensionierung als Wachposten und Salutierheini vor dem Haupteingang des Landwirtschaftsministeriums seinen Dienst versehen.

Nun muss ich aber schleunigst wieder zurückkehren zum eigentlichen Thema dieser Erzählung:

Als ich gegen 11 Uhr den Gollinger Gendarmerieposten betrat, wurde ich von einigen Kindern sofort jubelnd begrüßt.

Drei der Beamtenkinder spielten gerade mit einem jungen Sheriff in einem für den Nachtdienst vorgesehenen Ruheraum Fußball, einige kleine Mädchen saßen im angrenzenden Beamtenzimmer in einer Ecke und blätterten interessiert in Bilderbüchern.

Im großen Kanzleiraum meines Vaters, dem Chefzimmer also, stapelten sich Unmengen von Geschenken, welche vorwiegend die männliche Bevölkerung des Ortes ihren Ordnungshütern an diesem Tag vorbeigebracht hatte.

Nachdem es sich bei diesen Geschenken – neben etlichen Dosen mit Süßigkeiten und einigen Stücken Surspeck – vorwiegend um verlockende alkoholische Getränke handelte, waren die meisten Beamten bereits um die Mittagszeit herum besoffen – viele Bürger, welche die Geschenke überreicht hatten und dann gleich mitfeierten, allerdings auch.

Ich glaube, dass es in den ersten Jahrzehnten nach dem Zweiten Weltkrieg am vierundzwanzigsten Dezember in Golling kaum ein Wirtshaus gab, in welchem die Stimmung besser war als jene im Gendarmerieposten. Dies störte auch niemand, da es seit Jahrzehnten, wahrscheinlich sogar seit Jahrhunderten, üblich war, dass an diesem Tag die sonst üblichen Regeln des Parteienverkehrs in den Amtsräumen keine Gültigkeit hatten.

Die vielen Geschenke waren keineswegs als Bestechung gedacht, sondern vielmehr als Dank der Bevölkerung für die üblicherweise ganzjährige großzügige Auslegung diverser Gesetze durch die Beamten. Beispielsweise waren ja Alkoholkontrollen in den Nachkriegsjahrzehnten nur dann üblich, wenn ein Lenker in einen Verkehrsunfall mit Verletzten verwickelt oder seine Fahrweise gar zu auffällig war.

Als der Nachmitttag schön langsam zu Ende ging, waren die letzten am Gendarmerieposten verbliebenen Erwachsenen immer noch in Feierlaune. Auch die Kinder spielten unter der Aufsicht eines jungen Beamten, dessen Alkoholisierung sich in Grenzen hielt, unentwegt weiter. Allerdings hatten wir Buben inzwischen vom Zimmerfußball auf dem Bretterboden zu Brettspielen am Tisch gewechselt. Den größten Spaß machte uns dabei das seiner-

zeit sehr beliebte Fuchs und Henne Spiel. Als wir dieses Brettspiel am Nachmittag entdeckten, hatte jeder von uns schon mindestens fünf Wurstsemmeln und vier Kracherl im Bauch.
Bald nach 17 Uhr löste sich die gemütliche Runde der Erwachsenen schön langsam auf. Die letzten Zivilisten zog es, ebenso wie die meisten Beamten, in die schon festlich geschmückten Wohnzimmer, in denen die Familien ihre abgängigen Männer und Kinder bereits sehnsüchtig erwarteten.

Der letzte Postautobus in unser Gebirgsdorf war schon längst abgefahren, als sich mein Vater gegen 18 Uhr fürs Beenden des weihnachtlichen Umtrunks entscheiden konnte.
Ausgerechnet einer seiner alkoholisiertesten Beamten erbarmte sich unser in dieser langsam hereinbrechenden Heiligen Nacht. Deshalb fuhr er uns gleich mit seiner schönen Renault Dauphine nach Hause. Polizeikontrolle hatte er keine zu befürchten: Eine Kollegenkrähe hackte ja einer anderen kein Auge aus.

Je näher wir unserem Gebirgsdorf kamen, umso höher waren die Schneewände entlang der Straße. Auf den letzten Kilometern ließ der Schneefall langsam nach. Schließlich schickte uns sogar der pralle Mond sein dezentes Feiernachtslicht. Als wir das Ortsschild des Heimatdorfes bereits sehen konnten, wurde mein Vater, der den größten Teil der Fahrt verschlafen hatte, plötzlich wieder munter. „Gut bist gefahren", lobte er seinen Kollegen nun, um dann gleich fortzufahren: „Jetzt trinken wir noch ein Bier beim Rohrmooswirt."
Wahrscheinlich war der Autolenker von dieser Idee ebenso wenig begeistert wie ich. Zu widersprechen wagten wir natürlich beide nicht.

Ob die Rohrmooswirtin glücklich war mit ihren späten Heiligabendgästen weiß ich bis heute nicht ganz genau; sehr erfreut schaute sie jedenfalls nicht drein, als wir plötzlich in der Gaststube standen.

Aus dem einen Bier für jeden Gendarmen wurden noch vier; die Lust am Diskutieren war mit jedem Glas eher größer geworden als kleiner. So konnte ich bereits als Kind lernen, dass sich die Rauschigen vorwiegend mit Problemen beschäftigen, welche für sie vorher vollkommen unwesentlich waren und auch danach nie mehr ein Thema sein würden.

Mir wurde dieses merkwürdige Gespräch wenigstens mit drei weiteren Kracherln versüßt.

Außerdem servierte mir die mitfühlende Wirtin um etwa 21 Uhr eine Würstelsuppe und danach noch – als Dessert sozusagen – vier Schokoladeengerl.

Ich war also ein durchaus gut gefülltes süßes Kind an diesem späten Heiligen Abend des Jahres Neunzehnhundertachtundfünfzig.

Fast 22 Uhr war es schließlich, als der Vater endlich unsere Wohnungstür öffnete. Die Mutter fauchte ihn gleich an wie eine Wildkatze, die in ein Fangeisen geraten ist.

„Es war viel los am Posten, ich konnte wirklich nicht früher weg, wir hatten um 5 Uhr am Nachmittag noch einen Verkehrsunfall und später noch einen Christbaumbrand in der Stube des Unterraithbauern aufzunehmen", beruhigte sie der Vater. Ich wusste sofort, dass ich ihn jetzt auf keinen Fall verraten durfte, wir waren doch so vertraut geworden im Lauf der letzten Jahre beim gemeinsamen Forellenfischen, Bogenschießen und Bergwandern; er war irgendwie mein Häuptling und ich sein treuer Indianer.

„Aber ganz nüchtern bist du nicht mehr", sagte meine Mutter, die ich als Kind kaum weniger liebte, in einem schon deutlich milder gewordenen Ton zu meinem betrunkenen Helden, als er sich langsam und ungelenk seiner Uniform entledigte.
„Ja", antwortete er sehr geschickt, „beim Christbaumbrand wurden ich und die Feuerwehrmänner nach gut getaner Arbeit noch auf eine Jause und ein paar Bier eingeladen."
Als er nach dem schon dringend notwendigen Urinieren wieder vom Klosett zurückgekommen war, ergänzte er noch: „Ich wollte mich beim Unterraithbauern ja gar nicht niedersetzen, aber du weißt ja, dass ich in meiner Position als Postenkommandant nicht unhöflich sein kann. Schließlich bin ich durch mein Amt ja ein wichtiger Vertreter der Republik Österreich in Golling."
Nachdem sich nun die anfängliche Wut der Mutter schon fast in eine gewisse Hochachtung für ihren Göttergatten verwandelt hatte, stand auch in unserem trauten Heim einem zwar verspäteten, aber doch friedlichen Weihnachtsfest nichts mehr im Weg – außer meiner fehlenden Lust, noch ein Kracherl zu trinken und die zweite Würstelsuppe innerhalb einer Stunde zu genießen. Mit den Geschenken, die halt in diesem Jahr etwas länger auf mich warten mussten, war ich äußerst zufrieden.
Eine gute halbe Stunde nach der Bescherung ging ich ins Bett, sehr tief schlief ich dann bis weit in den nächsten Vormittag hinein. Beim Festessen am Christtag erfuhr ich gleich, dass mein Vater bald nach mir ebenfalls ins Bett gegangen war statt zur Mitternachtsmette in die Pfarrkirche. Alleine ging die Mutter auch nicht hin. Sie wusste genau, dass ihr Soloauftritt zu dörflichen Tratschereien über ihr eheliches Glück oder Unglück geführt hätte. So war es halt damals in den Dörfern und kleinen Städten, so war es halt auch in unserem Gebirgsdörfchen.

Ob es dort heute noch so ist, weiß ich nicht. Ich bin nämlich bereits ein Jahrzehnt nach diesem abenteuerlichen Heiligen Abend in einer großen Stadt sesshaft geworden. Leider.

Die Indios von Strazula

Am Fuß des Alpenhauptkamms hatte ich einst in einem Weiler, der zur alten und stolzen Kleinstadt Strazula gehört, ein kleines Austraghäusl gemietet. Hier fand ich endlich jene Beschaulichkeit und Stille, welche ich zuvor in der großen Stadt so sehr vermisst hatte.
In dieser Idylle pflegte man noch das bedächtige Gehen, niemand hastete von einem Haus zum anderen oder von einer Wiese zur nächsten. Die Menschen liefen weder dem großen Geld nach noch dem nur scheinbar glücklich machenden Ruhm, sondern höchstens einem störrischen Weidevieh.

Während der Sommermonate saß ich an den Nachmittagen gerne unter dem Apfelbaum, der an der Ostseite unseres Häuschens sein Dasein fristen musste. Mit großer Ausdauer zimmerte ich mir dort Verse zusammen, bis ich das Manuskript für ein Gedichtbändchen fertig gestellt hatte. Sobald mir mein Verleger in der ersten Oktoberwoche einen Vorschuss überwiesen hatte, reiste ich Jahr für Jahr in das von mir so geliebte slowenische Weinland. Dort saugte ich bei der Weinernte, bei diversen Gelagen und bei ausgedehnten Wanderungen noch jene letzten Sonnenstahlen auf, die mir helfen sollten, meine Heiterkeit über den österreichischen Winter zu bringen.

Als ich vor vielen Jahren einmal am ersten Tag der letzten Novemberwoche aus Slowenien zurück kam, lag in meinem Weiler bereits eine dünne Schneeschicht auf den Feldern; als in den folgenden Tagen auch noch der gefürchtete Nordostwind durchs Land fegte, hielt ich mich nahezu ständig in der Nähe meines herrlichen Kachelofens auf.

Wenn ich an diesen späten Novembertagen zum Fenster hinausschaute, konnte ich stundenlang die eilige Fahrt der Wolken, den plötzlich aufwirbelnden Schnee und das unheimliche Pfeifen des Windes beobachten. Dieses Schauspiel, das der Wettergott in dieser Gegend bis weit in den Februar hinein immer wieder inszeniert, regte mich zeitweise auch zu einem besinnlichen Blick in mein Inneres an.

Als die wilden Winterstürme auch in der ersten Dezemberwoche noch durch die kleine Ansiedlung fegten, dachte ich mir, dass so ein Wetter, welches die Menschen manchmal wochenlang in ihre Häuser zwingt, eigentlich genau das richtige ist für diese besondere Zeit im Jahresablauf. Bei sich ankommen, besinnliche Zwiesprache halten mit dem Schöpfergott und das ewige Sinnieren über die beiden Antipoden Geburt und Tod. Das bedeutet Advent wohl in erster Linie.

Nach dem Nikolaustag wurden die Tage wieder milder. Nun ging ich des öfteren ins Städtchen Strazula hinunter, weil ich das zum Leben Notwendigste in meinen Vorratskeller bringen wollte, ehe der bereits vor der Tür stehende Hochwinter die Wege unter einer meist meterhohen Schneeschicht versteckt.

Dieses Städtchen war in den Adventwochen weniger von innerer Einkehr als vielmehr von schwachsinniger Einkaufshektik geprägt. Auch dieses Städtchen konnte sich jener daseinsfeindlichen Beschleunigung, die in den folgenden Jahren vor allem in den reichen Industrieländern letztendlich sogar ganzjährig werden sollte, nicht entziehen.

Bei manchen Kleinstädtern hatte ich das Gefühl, dass sie nun in einem ständigen Wechsel zwischen vorweihnachtlichem Glühwein- und Kaufrausch lebten. Solch außerordentlich bedauernswerten Wesen weiche ich auch heute noch aus; es kommt allerdings auch vor, dass mir meine antrainierte Höflichkeit diesbezüglich einen Strich durch die Rechnung macht.
Am sichersten vor derartigen Gestalten war ich in Strazula im etwas heruntergekommenen Stadtcafé Gloria, welches eine angenehme Kombination von Arbeiterbeisl und Jazzlokal war.
Dort lernte ich eines Tages auch den sehr gebildeten und weltoffenen Drogisten Albert Dallinger kennen. Nachdem ich gehört hatte, dass dieser Geschäftsmann in aller Bescheidenheit das Flügelhorn in der städtischen Trachtenmusikkapelle bläst, obwohl er dieses Instrument seinerzeit beim bekannten Jazzmusiker Lee Harper in einer fernen Stadt studiert hatte und deshalb eigentlich ein gefragter Jazzer war, hatte ich mich nämlich sofort bei einer Nachbarin erkundigt, wo ich diesen Mann am ehesten antreffen könnte. Ob er bei der Musikkapelle Strazula leidenschaftlich in sein Flügelhorn blies oder hauptsächlich deshalb mitspielte, weil die Mitgliedschaft in diesem Klangkörper für den geschäftlichen Erfolg seines Drogerieladens von Vorteil war, weiß ich bis heute nicht.
Wir diskutierten in manch langer Nacht lieber Wesentlicheres und bei weitem Interessanteres: Philosophisches, Literaturgeschichtliches und Musikwissenschaftliches. Manchmal waren auch Neuigkeiten aus der Jazzszene ein Thema für uns. Letzteres

interessierte mich besonders stark, ich war ja als junger Bursche ein gar nicht so übler Posaunist in einem oberösterreichischen Jazzquartett. Die Posaune in ihrer jetzigen Form gibt es übrigens seit dem Jahr 1493. Trotzdem glaube ich immer, wenn ich hin und wieder einmal in eine hineinblase, dass ich ein sehr modernes Instrument spiele.

Im Zuge einer besonders lebhaften vorweihnachtlichen Debatte schlug der Albert plötzlich vor, dass ich am Heiligen Abend bei seiner vor vielen Jahren gegründeten Weisenbläsergruppe Strazula mitspielen sollte. Da ich nach zwei kurzfristig angesetzten Probeabenden gleich ein gutes Gefühl hatte, nahm ich den Vorschlag meines Freundes an – mit einem etwas mulmigen Gefühl zwar, aber immerhin.
So wurde ich schließlich zu einem Akteur einer bemerkenswerten Geschichte, an welche sich viele Menschen aus diesem Städtchen noch lange erinnern werden, wenn sie das Wort Weihnachten hören.

Ich hoffe, meine treuen Leser erlauben mir, dass ich diese wahrlich nicht erfundene Geschichte kurz erzähle:
Am 24. Dezember mussten wir unsere Kunst um fünfzehn und um siebzehn Uhr einem festlich gestimmten Publikum auf den Stufen, die zur Pfarrkirche hinaufführen, darbieten.
Als ich gegen vierzehn Uhr im Städtchen ankam, ging auf dem Platz vorm Rathaus der alljährliche Weihnachtsmarkt der katholischen Frauenbewegung schon langsam dem Ende entgegen. Letzte Christbäume und Lametta wurden noch schnell verkauft. Unweit spielten vor der Auslage der Metzgerei Lerl vier süd-

amerikanische Straßenmusikanten. Diese wurden jedoch kaum beachtet, die meisten Kleinstädter strömten nämlich an diesem klirrend kalten Heiligen Nachmittag schnellen Schrittes zu den beim Postamt aufgebauten Glühwein- und Punschstandeln. Bei Alkohol und Kletzenbrot wurde dort nicht weniger heftig getratscht wie an den zwei Kirtagen, die jedes Jahr im April und im Oktober zelebriert werden.
Als wir Punkt fünfzehn Uhr unsere Instrumente in die Hände nahmen wurden die Tratschonkeln und -tanten schon etwas ruhiger; während wir bedächtig die ersten Weisen bliesen, hielten wenigstens die meisten von ihnen endlich den Mund.

Nach diesem Einsatz kehrten wir schleunigst im Gasthaus Böck ein, damit unsere halb erfrorenen Musikantenlippen und -finger bis siebzehn Uhr wieder geschmeidig werden konnten.
In der Gaststätte, welche seit Jahren auch ein Treffpunkt der heimischen Volksmusikanten war, saßen bei unserem Eintreffen höchstens zehn Personen vor ihren Krügen und Gläsern; einige, die keine Familie hatten und etliche, die ihre Familie nicht mehr mochten.
Als wir unser letztes Budei Schnaps geleert hatten, brachen wir auf. Just in diesem Moment betraten die südamerikanischen Musikanten, welche vor der Metzgerei Lerl gespielt hatten, die Gaststube.
„Dürfen wir spielen bitte bisschen für Herrschaften", fragte ihr Commandante jenen Mann, der ganz offensichtlich hier der Wirt war.
„Ich glaube nicht, dass meine Gäste auf eure Musik neugierig sind", antwortete dieser barsch.

„Wir brauchen eure Negermusik nicht", plärrte nun ein betrunkener Kerl, bevor einer von seinen Zechkumpanen zu uns sagte: „Weisenbläser bleibts noch da, spielts noch schnell a Stückl, damit diese ausländischen Affen kapieren, wia a gscheite Musi klingen muass."

Nach diesen blöden Äußerungen der einheimischen Saufbrüder wurde der Albert verdammt zornig. Sofort stürmte er zu ihnen hin. Dann schrie er: „Haltet endlich euren Mund. Eure Dummheit bringt mich zum Kotzen!" Danach war es einen Moment lang ganz still in der Gaststube. Schließlich sagte der Albert, als er sich etwas beruhigt hatte: „Gute Musik wird überall auf der Welt gespielt, merkt euch das ein für alle Mal. Presst euch das für immer und ewig hinein in eure Nazischädel."

„Ah da schau her, unser Drogist redet schon wie ein Kommunist", ätzte nun ein Reimmichel, welcher als Mandatar einer rechtspopulistischen Partei im Gemeinderat saß, vom Stammtisch herüber.
Nun wurde es auch mir zu dumm. Ganz langsam und sehr selbstbewusst ging ich auf den Lokalpolitiker zu und sagte höflich, aber bestimmt: „Mein Herr, ihr blödes Geschwätz beeinflusst meinen Blutdruck äußerst negativ."
Daraufhin wurde es wieder ganz ruhig in der guten Stube und ich fuhr fort: „So, und nun wird es endgültig Zeit zu gehen. Ein Gasthaus, in welchem man Musikanten derart letztklassig behandelt, ist nicht mein Fall."
Wortlos, so als hätten wir uns abgesprochen, verließen sowohl meine Mitspieler als auch die Indios das Gasthaus Böck. Das

immer wieder einmal einsetzende Schneetreiben ebbte in diesem Moment gerade wieder ab, der kalte Wind blies aber immer noch heftig.

Unter dem Licht der Torlaterne des ungastlichen Gasthauses sah ich, dass unser jüngster Weisenbläser, der damals noch in Wien Komposition studierte, Tränen in den Augen hatte.

„Sei nicht so traurig und bedenke, dass es in Strazula sehr viele Menschen gibt, welche andere Ansichten haben als diese Dummköpfe da drinnen", flüsterte ich ihm nun schnell ins Ohr.

„Glaubst du?", fragte er mit zittriger Stimme.

„Ich glaube es und werde es dir auch gleich beweisen", antwortete ich. Deshalb schlug ich den Weisenbläsern vor, dass wir den zweiten Teil des Weisenblasens gemeinsam mit unseren südamerikanischen Kollegen gestalten sollten, sofern diese damit einverstanden wären.

Zum Glück gefiel mein Vorschlag sowohl den heimischen als auch den fremden Musikanten. Deshalb beschlossen wir, dass jede Gruppe jeweils fünfzehn Minuten spielt, bevor sie ihre Kollegen auf die Bühne bittet.

Als wir kaum zehn Minuten später vorerst alle gemeinsam auf den Stufen standen, die zum Tor der Pfarrkirche hinaufführen, trafen uns gleich die ersten fragenden Blicke der Menschen, welche noch immer auf dem Kirchplatz standen oder inzwischen neu dazugekommen waren.

Nachdem sich die Indios vorübergehend in die Pfarrkirche zurückgezogen hatten, eröffneten wir das Konzert.

Ich spürte sofort, dass die Weisenbläsergruppe an diesem späten Nachmittag besonders gefühlvoll spielte. Die offensichtliche Zufriedenheit der Zuhörer wich dem Staunen, als nach unserem Rückzug in die Kirche die vier Indios aus dieser heraustraten und sogleich die ersten Takte eines mexikanischen Weihnachtsliedes spielten.

Nach der zweiten Staffel folgte dem Staunen endlich die Begeisterung. Viele Bürger begriffen in diesen Minuten oder in dieser einen Stunde, dass die verschiedenen Regionen letztlich nur gleichrangige Teile einer gemeinsamen Welt sein können.

Als wir zum Schluss gemeinsam die Melodie des berühmtesten Weihnachtsliedes der Welt spielten, sang einer der Indios den Liedtext in der Sprache seines Volkstammes. Nachdem der letzte Ton verklungen war wurde es plötzlich still am Kirchplatz von Strazula. Minutenlang blieben die Leute stehen, ohne dabei ein Wort zu sprechen. Dann geschah etwas, das unserem jungen Kompositionsstudenten nochmals die Tränen in die Augen trieb; allerdings waren es dieses Mal Freudentränen. Immer mehr Menschen gingen in den folgenden Minuten ruhig, teilweise sogar demütig zu den auf den unteren Stufen liegenden Instrumentenkästen unserer neuen Freunde und warfen Geldscheine hinein. Und aus den Häusern rund um den Kirchplatz strömten immer mehr Frauen und Kinder herbei mit kleinen Schmuckstücken, gebrauchten Krawatten, Hemden, Glücksbringern und Stofftieren. Schließlich wuzelte sich noch der dicke Wirt des Gasthofes Zur Sonne die Stufen hinauf, um unseren neuen Freunden ein kostenloses Quartier bis zum Silvestertag anzubieten.

„Ist sicher schöneres Zimmer als in meine Flüchtlingsheim, wo ich wohne seit Flucht vor Diktator Pinochet?", fragte mich der Trommler Pedro erwartungsvoll, als er endlich kapiert hatte, welch wertvolles Geschenk in den vom Wirt zwar klar formulierten, aber von ihm nur teilweise verstandenen Sätzen versteckt war. Seine drei Kollegen begleiteten den Wirt, er selber wollte noch mit Albert und mir in dessen Wohnung mitkommen. Dort sprachen wir unter anderem darüber, dass die eher besinnliche älplerische Weihnachtsmusik der biblischen Frohbotschaft kaum entspricht, während die lateinamerikanische Musik dieser Botschaft eher gerecht wird.

„Die Fröhlichkeit wird bei uns von der Heiligkeit oder von der Scheinheiligkeit zugedeckt", meinte diesbezüglich die Frau des Drogisten.

Nachdem wir genug Bier getrunken und die traditionelle Christnachtsjause dieses Landstriches – kaltes Selchfleisch mit in Schnaps eingelegten Pflaumen – aufgegessen hatten, trottete ich, bis zum Gasthof Zur Sonne noch mit Pedro, langsam auf der nunmehr schon sehr verschneiten Straße nach Hause. Überall konnte man jetzt jenen Hauch von Besinnlichkeit spüren, welche diese Nacht in vielen Ländern unseres Planeten Jahr für Jahr zu einer ganz besonderen macht.

Als ich an der Pfarrkirche vorbeikam, zog es mich förmlich hinein.
Die ersten Besucher der Christmette waren noch nicht eingetroffen, so konnte ich die wunderschöne Weihnachtskrippe von Strazula in aller Stille bewundern. Ich hatte diese schon zwei Wochen vorher einmal genau unter die Lupe genommen, aber dieses Mal schienen alle Figuren, vom Jesuskind bis zum kleinsten Hirtenknaben, mehr Heiterkeit auszustrahlen als damals. Ob dies am Bier lag, von welchem ich im Laufe des Abends reichlich getrunken hatte, weiß ich bis heute nicht. Es könnte auch sein,

dass die Heilige Familie, allerlei Viehzeugs und die Hirten immer noch fröhlich waren, weil der stramme Wind am späten Nachmittag solch göttliche Musik durchs offene Kirchentor in ihren Stall geblasen hatte.
Oder ist es vielleicht überhaupt so, dass alles was kreucht und fleucht, rennt und pennt und selbst das, was rauft und sauft, von den glücklichen Menschen viel positiver gesehen wird als von den griesgrämigen Mandern und Weibern.

Als ich die Kirche wieder verließ, tanzten keine Schneeflocken mehr vom Himmel herunter. Bedächtig und zufrieden marschierte ich zu meinem Weiler. Dort brachen die ersten Bauernfamilien schon auf, damit sie bei der Christmette rechtzeitig ihre Plätze einnehmen konnten. Nur meine liebenswerte verwitwete Nachbarin war zu Hause geblieben; ihr lagen das Plaudern und die Liebe viel mehr als das Beten und das Büßen.
Wir tranken noch ein Fläschchen Wein zusammen und ein paar Gläser Cognac. Als ich wieder aufbrach und zu meinem Austraghäusl hinüberwatete, ging diese herrliche Christnacht schon langsam dem Ende entgegen.
Die Wolken hatten sich inzwischen gänzlich verzogen; so konnte der strahlende Sternenhimmel die Hoffnung wecken auf wunderschöne, festliche Weihnachtsfeiertage.